U0503091

公路交通法治工作理论与实践

主编　胡冠书

郑州大学出版社

图书在版编目(CIP)数据

公路交通法治工作理论与实践 / 胡冠书主编 . — 郑州：郑州大学出版社，2022. 9

ISBN 978-7-5645-8883-0

Ⅰ. ①公… Ⅱ. ①胡… Ⅲ. ①道路交通安全法 – 研究 – 中国 Ⅳ. ①D922.144

中国版本图书馆 CIP 数据核字(2022)第 121790 号

公路交通法治工作理论与实践
GONGLU JIAOTONG FAZHI GONGZUO LILUN YU SHIJIAN

策划编辑	王卫疆　胥丽光	封面设计	苏永生
责任编辑	胥丽光　刘瑞敏	版式设计	凌　青
责任校对	孙　泓	责任监制	李瑞卿

出版发行	郑州大学出版社	地　址	郑州市大学路40号(450052)
出版人	孙保营	网　址	http://www.zzup.cn
经　销	全国新华书店	发行电话	0371-66966070
印　刷	郑州宁昌印务有限公司		
开　本	710 mm×1 010 mm　1 / 16		
印　张	11.25	字　数	174 千字
版　次	2022 年 9 月第 1 版	印　次	2022 年 9 月第 1 次印刷

| 书　号 | ISBN 978-7-5645-8883-0 | 定　价 | 49.00 元 |

本书如有印装质量问题,请与本社联系调换。

作者名单

主　编　胡冠书

副主编　丁明利　吕佐志　杨　苹

编　委　刘　艳　陈　静　楚绪格

　　　　　马德东　陈鹏飞　许　福

公路交通法治工作是公路交通工作的重要组成部分,同时也是政府法治建设的一部分,是依法治路的具体化和实现过程。

近年来,我国公路交通事业的发展取得了举世瞩目的成就,这也对公路管理机构的公路交通法治工作提出了新的更高的要求。为帮助公路交通基层同志进一步了解与公路交通法治工作有关的理论知识,提高法治工作水平,我们组织编写了这本《公路交通法治工作理论与实践》。书中结合公路交通法治工作实践,介绍了公路交通法治工作的主要内容,阐述了公路交通法治工作的基本理论,探讨了公路交通法治工作的基本规范,并提供了一些常用文书范例。

公路交通法治工作贯穿于公路建设、养护、运营、管理、服务等各个领域和环节,其中大量的具体工作都要由基层来完成。为此,我们要求编写人员从公路交通工作实际出发,尽量全面、深入地阐释公路交通法治工作的基本理论和应用性指导规范,希望能对公路交通基层同志开展这项工作有所帮助。

书中第五章由丁明利、吕佐志、杨苹编写,第七章由刘艳、陈静、楚绪格编写,第十一章由马德东、陈鹏飞、许福编写,其他各章由胡冠书编写。全书由丁明利、吕佐志、杨苹统稿,由胡冠书定稿。

由于编者水平有限,书中错误在所难免,敬请读者批评指正。

2022 年 7 月 1 日

目录

第一章

公路交通法治工作基础

公路交通法治工作是公路交通工作的一部分,也是法治政府建设工作的一部分,是依法治路的具体化和实现过程,是各级公路管理机构在法律规定的职能范围内,为保障公路建设、养护、运营、管理等各项工作依法开展而进行的制度建设、宣传培训、交通法治监督、法务管理(如风险防范、复议应诉)等工作的总称。

第一节 公路交通法治工作的概念

"法治"一词,简单地理解就是依照法律来治理国家,管理公共事务。就其内涵来说,既包括静态意义上的法律和制度,也包括动态意义上的法治活动,即立法、执法、司法、守法和与此有关的监督活动、法治宣传教育活动等,更为重要的是它还包含了法治精神、价值追求。

根据"法治"一词的含义,不难看出,法治工作应当有广义、狭义之分。广义上的法治工作就是特定的主体根据现行法律制度,依照依法办事的原则所进行的立法、执法、司法、法制宣传教育,以及对法律实施的监督等工作。根据工作主体的不同,又可分为人大法治工作、政府法治工作、高校法治工作、企业法治工作等。

一、政府法治工作

政府法治工作是各级政府在管理国家事务、经济文化事业及社会事务中,依照法定职权所进行的立法、执法和对立法、执法实施监督,以及法律事务管理、法治宣传教育等一系列活动。政府法治工作是各级政府的一项重要的经常性的工作,是在多年来政府法制工作的基础上发展而来的。

作为一个正式概念,"政府法制工作"的提出,是在1987年4月国务院召开的第一次全国政府法制工作会议上。这次会议指出:"政府法制工作在整个法制建设中的地位愈益重要。"1988年机构改革中,国务院批准的《国务院法制局"三定"方案》中进一步明确,国务院法制局是负责国务院法制工作的直属机构,是国务院领导在法制工作方面的参谋和助手。与此同时,县级以上各级地方人民政府也相继成立了法制工作机构,建立了中央、省、市、县四级政府法制工作网络。

随着政府法治工作的蓬勃开展,这项工作已经成为整个政府工作的重要基础、社会主义法治建设的重要组成部分、经济发展和社会进步的重要保障。现在,各级政府法制工作机构已与原司法行政机关整合,政府法治工作进入了新阶段。

二、公路交通法治工作的含义

公路交通法治工作是政府交通运输法治工作的重要组成部分,是公路交通法治的具体化和实现过程,是各级公路管理机构在法律规定的职能范围内,为保障公路建设、养护、运营、管理等各项工作依法开展而进行的制度建设、宣传培训、交通法治监督、法务管理等工作的总称。公路交通法治工作的这一概念包含了以下几个方面的含义。

第一,公路交通法治工作是政府交通运输法治工作的重要组成部分。目前,各级公路管理机构承担着公路建设管理、养护管理、运营管理、路产保护等职能,这些管理职能是政府职能的延伸和细化。公路交通法治工作既是公路交通工作的有机组成部分,又是政府交通运输法治工作职能在公路交通行业的延伸。公路交通法治工作应当在政府的领导以及政府法治部门的指导下有效开展,为依法治路发挥应有的作用。

第二,公路交通法治工作是公路交通法治的具体化和实现过程。前面提到,法治的内涵包括静态意义上的法律和制度,在这个意义上,"公路交通法治"不但要有健全的与公路建设、养护、运营、管理等有关的法律制度,而且这些法律制度的具体落实及其制定目的的实现,需要公路交通法治工作者结合公路交通工作实际,通过开展扎实有效的工作,与其他岗位上的人员一道,在实践中确保其得到贯彻实施。

第三,公路交通法治工作职能法定。这里面包括以下几层意思:一是公路管理机构的工作职能法定,例如《公路法》《公路安全保护条例》规定了公路管理机构的职能和权限范围;二是公路管理机构的法治机构及其工作人员应当依法履职,既不能缺位,也不能越权;三是开展公路交通法治工作应当符合法定程序,例如在复议、应诉、法治监督等工作中,应当按照规定的程序进行。

第四,公路交通法治工作的主要目的是保障公路建设、养护、运营、管理等各项工作依法开展,实际上就是依法治路。依法治路,就是公路交通行业的广大干部职工在上级领导下,依照相关法律规定开展公路建设、养护、运营、管理等各项工作,确保各项工作都依法进行,实现公路交通工作的法治化。公路交通法治工作的主要目的就是使公路交通领域的法律法规在本单位得到有效贯彻落实,使公路交通行业的各项工作能够依法进行。

第五,公路交通法治工作的内容主要包括制度建设、宣传培训、法治监督、法务管理等。制度建设是指制定法律法规实施的细则、规范,或者参与制定规范性文件以及起草、审核本单位的管理制度等,目的是实现工作的制度化。法治宣传培训是指根据国家普法规划,结合本行业、本单位的实际情况,积极开展法律知识的宣传工作,同时面向广大干部职工组织相关法律知识的培训,提高爱路护路、依法治路的法律意识和工作水平。法治监督是指根据法律规定对公路建设、养护、运营、管理等各个领域的工作开展有效监督,确保合法。法务管理则包括合同管理、复议应诉等。

三、公路交通法治工作的特点

一是主体的特定性。公路交通法治工作的主体是各级公路管理机构,具体由各级公路管理机构的内设法治工作机构承担。目前,一些地方的公路管理机构没有设置专门的法治工作机构,但已明确由某个科室或者部门来承担具体法治工作,这个科室或部门就具有了法治工作机构的性质,具体负责公路交通法治工作的开展。一个公路管理机构有没有法治工作的专门或归口管理部门,直接决定公路交通法治工作能否正常开展。

二是范围的广泛性。公路交通工作的领域有多广,公路交通法治工作的领域就有多广。公路交通工作涉及公路的建设、养护、运营、管理等多个方面,具有一定的广泛性。公路交通法治工作要渗透到公路交通工作的每一个领域、每一个环节,不断完善制度体系,加强法治监督,大力开展普法宣传,定期组织交通法治培训,有效防范法律风险,认真承办各类涉路诉讼或复议案件,为依法治路提供法治保障,因此和公路交通工作一样,也具有一定的广泛性。

三是业务的综合性。公路交通法治工作就其性质来说是一项基础性工作,是为行政决策和各项工作开展服务的,它集制度建设、法治监督、宣传培训、法务管理为一体,涉及规则制定、行业管理、法律事务等各方面的知识,是一项综合性很强的工作。公路交通法治工作的这一特点要求工作人员必须具备必要的专业知识和工作能力,在工作中既能顾全大局,又能把握局部,擅于运用法律知识处理各类复杂问题。

四是工作的协调性。开展公路交通法治工作需要与本行业、本单位的其他部门搞好协调,充分发挥各司其职、各尽其责的作用,形成依法治路的综合效能。开展公路交通法治工作还需要与政府法治部门以及司法部门等搞好工作配合,这也需要具备较强的工作协调能力。另外,随着公路体制改革的逐步推进,更要充分发挥交通法治工作的协调功能,及时发现和妥善处理各类利益冲突和法律纠纷。因此,协调是公路交通法治工作的一大特点,也是公路交通法治工作的一项基本职能。

五是行为的规范性。公路交通法治工作的目的是保障公路建设、养护、运营、管理等各项工作依法开展,从而实现依法治路,这就必然要求公路交通法治工作必须依法、规范开展,以规范的法治工作行为去规范公路行业的其他管理行为。公路交通法治工作人员要率先贯彻执行国家法律、法规和规章,认真执行国家政策,按照上级要求不折不扣地履行好各项工作职责,既不失职,又不越权,处理各类法律事务时既注重实体,又遵守程序,严格做到依法办事、规范行事。

第二节　公路交通法治工作的主要内容

公路交通法治工作应当以建设法治公路为目标,坚决贯彻执行国家法律法规和政策,不断健全组织机构、完善工作机制,创造性地开展工作,为依法治路提供有力保障。从公路交通工作实际来看,目前公路交通法治工作主要包括目标管理、法治宣传教育、制度建设、建立健全执法规范化长效机制、法治监督、复议应诉、防范法律风险、内务管理、工作考核等方面的内容。

一、目标管理

目标管理这一概念是由美国著名管理学家彼得·德鲁克于1956年在其《管理实务》中首次提出,将其运用到公路交通法治工作当中,就是指在公路交通法治工作人员及广大公路干部职工的积极参与下,合理地确定法治工作目标,并由确定的机构在工作中实行有效控制,确保目标实现的一种管理办法。

根据这一要求,应当建立、健全公路交通法治工作组织机构,科学制订公路交通法治工作的各项计划、目标,采取有针对性的措施予以落实,还要及时地对工作进行总结。具体要求是分管领导要明确,有专门或归口管理的科室,配备具有一定法律知识水平和工作能力的法治工作人员,法治工作岗位职责清晰并以适当方式公示,年度工作要点和中、长期工作规划(一般指五年规划)得到有效落实,工作总结切合实际,工作有成效、有创新。

二、法治宣传教育

以"学法律、讲权利、讲义务、讲责任"为主题,不断推进法治宣传教育,将交通法治宣传和法治实践结合起来,推动依法治理工作,推进法治公路建设,工作有计划、有措施、有创新、有总结。充分利用广播、电视、报纸等新闻媒体宣传公路法律法规,组织搞好法治宣传日、《公路法》等重要法律法规实施纪念日等重大宣传活动。定期开展公路法律法规和相关法律知识培训,制订培训计划、方案,组织公路干部职工深入学习法律知识,提高法律意识。公路交通法治工作人员在法治培训中要起模范带头作用,鼓励报考法律专业的职业资格考试,并将理论与实践相结合,不断提高公路交通法治工作水平。

三、制度建设

公路交通工作中的制度指的是由公路管理法律、法规、规章、规范性文件、技术标准、操作规程、管理制度等构成的一个庞大的制度体系。加强制度建设,公路交通法治工作者责无旁贷。在本单位规章制度的制定过程中应当充分发挥作用,积极参与调研、起草、审核等工作;在上级规范性文件的制定、修改调研中,应当积极参与并认真完成交办任务;在国家法律、法规和规章制定过程中,可以根据上级安排积极参与研讨,结合公路行业实际提出有参考价值的意见和建议。

加强制度建设要注意把握好单个制度与制度体系的关系,使制度之间相互衔接、相互配套、相互补充,保证制度持续、稳定、有效地发挥作用。另外还要注意把握好制度的层级性与效力性的关系,处理好上级与下级、部门与部门、制度与制度之间的关系,避免因"下位法"违反"上位法"而导致制度无效。

四、建立健全执法规范化长效机制

随着交通运输综合执法体制的改革,公路管理机构的执法职能划转至交通运输主管部门。但在多年的执法实践中,公路管理机构积累了大量行之有效的经验做法,并且改革后还要继续承担行政许可、公路保护的执法辅助性工作,因此本书对建立健全执法规范化长效机制也稍做探讨。这项工作包含许多内容。梳理本单位的执法依据、分解执法职权、确定执法责任,并以适当形式向社会公示,接受监督。对行政诉讼和行政复议案件以及重大行政处罚案件应按照规定及时报送备案。按照法律规定和上级要求及时办理、换发执法证件,建立执法证管理台账。

建立健全行政执法评议考核机制,评价执法工作情况,检验执法机构和执法人员是否正确行使执法职权和全面履行法定义务。要将内部评议与外部评议相结合,通过召开座谈会、发放执法评议卡等方式认真听取行政管理人的意见。

严格落实行政执法责任,对有违法或者不当执法行为的执法人员,根据具体情况给予批评教育、离岗培训、调离执法岗位、取消执法资格等处理。应当追究党纪政纪责任的,由有关部门依法给予处分,涉嫌犯罪的移送司法机关处理。同时,要建立健全执法奖励机制,调动执法人员提高执法质量和水平的积极性。

五、法治监督

公路交通法治监督是指以公路交通法治工作机构及其工作人员为主导,由全体公路交通干部职工广泛参与的,按照国家规定对公路建设、养护、运营、管理等活动是否依法、有效开展进行监督,及时发现问题并提出整改建议,在法律、法规、规章以及国家政策、上级规范性文件等贯彻实施过程中充分发挥组织协调和监督职能,确保各项制度在本单位得到落实。

一是带头做到勤政廉政,在实现依法治路的过程中率先垂范;二是有效开展监督检查、专项调查等法治监督活动;三是善于通过个案监督发现带有普遍性、倾向性的问题并加以解决;四是与纪检监察等部门加强工作配合,坚持事前防范、事中监控和事后追究相结合,经常性监督、定期监督和不定期监督相结合;五是把重大决策、工程项目实施等作为重点,加强监督,杜绝违法违纪现象发生。

六、复议应诉

加强复议应诉工作是构建法治公路的必然要求,也是公路交通法治工作的一项重要内容。涉路行政复议案件的办理大体有两类情况:一种是公路管理机构作为被申请人参加行政复议程序;另一种是公路管理机构作为其他参加人(比如第三人等)参与行政复议案件的办理。

涉路诉讼案件则主要是民事诉讼案件和行政诉讼案件,有些情况下路产路权因犯罪行为发生损害的,公路管理机构也要参与刑事诉讼程序,提起附带民事诉讼。

在复议、诉讼案件办理过程中,要与政府法治部门、人民法院、上级主管部门等密切配合,沉着应对,全面取证,按时出席。要依法、公正地化解矛盾和争议,妥善处理群众最关心、最直接、最现实的利益问题,既要维护好路产路权,又要做到案结事了,实现法治效果和社会效果的统一。

七、防范法律风险

法治工作机构要与其他工作部门和单位保持有效沟通,及时发现工作中存在的问题,建立法律风险预警机制,将不必要的纠纷、案件消灭于萌芽阶段。督促和帮助各有关部门和单位采取有效措施,科学防范日常工作中可能存在的法律风险,有效避免各工作环节的法律漏洞。

在合同的起草、谈判、签订、履约监管等环节加强管理,加强法律审查,提高合同管理水平。根据领导安排参与重大项目并适时提出法律意见,确保项目顺利实施。在辅助性行政管理工作中加强监督,确保不越权、不违反法定程序,同时注意避免行政不作为。

充分发挥专业优势,及时、认真、准确地解答系统内其他部门和职工个人以及来访群众的法律咨询。除上述情况外,还要注意案件办理中的法律风险防范,例如行政复议和诉讼中的按时举证、民事诉讼中及时申请法院采取财产保全措施等。

八、内务管理

公路交通法治内务管理工作是公路交通法治工作的集中反映，是领导和上级业务主管部门了解情况、制定政策的重要依据，是所在法治工作机构总结经验、研究开展下一步工作的基础。

公路交通法治内务主要由工作中形成的各类档案资料组成。内业资料应当确保真实性，绝不允许弄虚作假。对档案资料应当进行科学分类，做到完整、规范、齐全，便于检索。对交通法治工作装备应当建立管理台账，规范使用。根据上级部门的规定，应当定期报送的材料，例如月报表、季度报表、案件报备、规范性文件报备等，应当及时报送。

行政复议和诉讼案件办结后，要将案件材料进行收集整理并装订成卷，案卷装订做到完整、规范，没有统一外观要求的，应力求严谨、美观。

九、工作考核

为了解公路交通法治工作的开展情况，检验工作效果，政府法治部门、交通运输主管部门对公路管理机构、上级公路管理机构对下级公路管理机构、公路管理机构领导对本单位的法治工作机构都要进行工作检查或者考核。

凡根据工作需要，按照规定程序制定的考核制度，都应得到有效贯彻执行。为确保考核工作不流于形式，保证考核效果，应当制定科学的考核标准和规范，并选派懂业务、责任心强的人员实施，并就考核结果进行公示，奖优罚劣，同时广泛听取意见。

法治工作检查考核可以实行定期与不定期相结合、检查与交流相结合、自查与互查相结合的办法。对于复议应诉、执法监督等工作的考核，可以适当征求司法部门和同级政府法治部门的意见。法治工作考核以检查、考核、评比为手段，并与文明行业创建等活动紧密结合，不断提升公路交通法治工作水平。

第三节　公路交通法治工作的基本要求

从工作目标来说,公路交通法治工作应坚持以习近平新时代中国特色社会主义思想为指导,深入贯彻交通强国战略,紧紧围绕公路交通事业发展大局,认真贯彻落实中共中央、国务院印发的《法治政府建设实施纲要(2021—2025 年)》,不断推进制度创新、机制创新、体制创新和方法创新,不断提高公路交通法治工作水平,形成权责明确、行为规范、监督有效、保障有力的公路管理和运行机制,使广大干部职工的法治观念不断增强,依法治路的能力不断提高,为实现公路交通事业又好又快发展提供坚实的法治保障。根据这一目标,公路交通法治工作应当达到以下基本要求。

一、坚持依法行政

依法行政是各级政府一切工作的基本要求,指各级政府及其工作人员应当在法律和法规规定的范围内活动,不得超越法律或者法规的规定擅自行事。依法行政包括以下主要内容:①行政机关在制定规范、实施立法活动等抽象行政行为时应做到依法行政,符合法律优先的要求;②行政机关在做出决策以及具体行政行为时应遵循依法行政原则,行政机关及其工作人员的行政行为必须有明确的法律依据,必须体现权、责统一的原则,不仅要遵守或依据实体法,也要遵守程序法,对违法行为必须予以撤销或变更;③一切行政行为都要自觉接受群众监督。

在我国,依法行政的理论研究和实践活动,是作为依法治国方略在政府行政领域的具体运用而被提出来的。在实施依法治国的基本方略中,依法行政是其基本要素,是其基础和关键。依法行政的目的不仅在于对政府行政机关的行政行为依法进行规范,防止权力的滥用,并使受到不法行政行为侵害的公民权利及时得到补偿,而且也在于保证国家行政管理的有效和效率,使其能够最大限度地发挥作用。随着现代行政管理范围的日益扩大和管理的事务日益增多,行政管理的作用日益提高,积极行政和追求行政效率越来越受到法律的重视和理解。当然,赋权的同时,也要从防止行政权力专断滥用的角度,对行政法律法规不断进行丰富和完善,加大立法力度,对不断扩大的行政职权和行政领域加以约束和规范。

依法行政既是一种理念,也是一种活动;既是目标,也是过程。在公路交通法治工作中,依法行政是对公路管理主体及其工作人员的要求,而不是对管理相对人的要求。公路交通法治工作要做到依法行政,一是要牢固树立交通法治观念,增强依法治路意识,把公路各项工作纳入法治轨道上来;二是要加强制度建设,用制度管人,用制度管事,而且这个制度应当是构建在法律框架之下的;三是在公路事业决策、公路管理等活动中充分发挥法治工作职能,使这些活动能够依法进行;四是充分发挥交通法治工作的监督和服务功能,不断提高法务管理水平,促进公路交通事业全面、协调、可持续发展;五是积极推行政务公开,自觉接受各界监督,在构建法治公路的同时,打造"阳光"公路。

二、做好"三个服务"

十届全国人大四次会议批准的《国民经济和社会发展第十一个五年规划纲要》,明确把交通运输定位为服务业,并作为服务业中优先发展的领域,这对搞好交通工作有着重大的现实意义和长远的战略意义。在 2006 年 7 月召开的建设创新型交通行业工作会议上,当时的交通部党组明确提出在建设创新型交通行业的过程中,要做好"三个服务":服务国民经济和社会发展全局;服务社会主义新农村建设;服务人民群众安全便捷出行。2007 年的全国交通工作会议又对"三个服务"做了更为深入的阐述。

1.服务国民经济和社会发展全局

这是交通工作的总任务。做好这个服务,就要按照中央的决策部署,根据经济社会发展和改革开放的要求,统筹规划,科学安排,强化管理,抓好公路水路交通基础设施建设,加强能源、重点物资、农副产品、外贸货物的运输保障,做好抢险救灾的应急运输,实现覆盖范围更广、服务水平更高的货畅其流、人便于行,把运输保障和运输服务落在实处。

2. 服务社会主义新农村建设

这是交通工作的重中之重。之所以强调服务新农村建设,是因为解决"三农"问题、建设新农村在经济社会发展全局中具有至关重要的作用,是我国全面建设小康社会的关键所在,是我国实现现代化的关键所在,是构建和谐社会的关键所在。做好这个服务,就要积极落实中央建设社会主义新农村的部署和要求,把加强农村公路建设作为重中之重,从农村公路面广、量大、保通保畅任务重的实际出发,因地制宜地推进农村公路建设,解决好建养管运的问题,为农村经济发展、农业产业结构调整、农民增收提供良好的交通条件。

3. 服务人民群众安全便捷出行

这是交通工作的根本要求。社会公众从最基本的出行要求到安全便捷的更高诉求,是经济发展和社会文明进步的重要标志。交通发展为了人民,交通发展依靠人民,交通发展成果由人民共享,这是交通坚持为人民服务的根本宗旨,是实现好、维护好、发展好最广大人民根本利益的本质所在。做好这个服务,就要坚持以人为本,把安全放在交通工作的突出位置,既要重视交通基础设施建设和运输的安全监管,落实安全生产责任制,又要不断提高交通基础设施的安全性,让人民群众出行放心;就要不断增加交通有效供给能力,不断提高运输服务的效率、质量和水平,让人民群众出行满意。

强调做好"三个服务",就是要求交通工作必须服从、服务于经济社会发展全局,从人民群众的根本利益出发,转变发展理念、明确发展内涵,注重依靠科技进步和管理创新促进科学发展,实现交通由外延式的粗放型增长向内涵式的集约型增长转变,由以生产增长为导向的发展向以服务质量为导向的发展转变。这是交通运输工作根本要求,也是实现交通运输行业又好又快发展的必由之路。"三个服务"相互联系,相互促进,是一个有机的整体。"三个服务"的提出,既是对多年来交通运输实践经验的总结,也是对交通运输行业发展规律认识的深化。

公路交通工作是交通运输工作的重要组成部分,而公路交通法治工作又是公路交通事业持续、健康、快速发展的重要保障。当前,公路行业法治工作水平仍有很大提升空间,与以人为本、依法治路、建设服务型行业的要求还有一定差距。我们要认真对待这些实际问题,紧紧抓住机遇,积极应对挑战,健全组织机构,转变工作方式,注重推进创新,强化依法管理,不断提高公路交通法治工作水平。

健全组织机构,这是公路交通法治工作做好"三个服务"的重要保障。为适应公路交通事业发展需要,应当加大力气在基层单位明确承担法治工作的科室或者专设法治工作机构,界定工作职责,明晰基层法治机构在依法治路方面的工作内容,加强业务培训,提高法治工作水平,突出监督考核,确保基层公路交通法治机构履职到位。公路交通法治机构要充分发挥在依法治路方面的参谋、助手和法律顾问作用,以具体行动推进依法行政、建设法治公路工作。

转变工作方式,这是公路交通法治工作做好"三个服务"的有效途径。优化资源配置、提高工作效率、创新管理模式以及提高交通法治工作人员素质,实现由单纯管理转变为融管理、服务、监督为一体。要采取各种形式,加强普法和法治宣传,增强广大干部职工尊重法律、遵守法律的观念和意识,积极引导广大群众依法用路,逐步形成与建设法治公路相适应的良好社会氛围。要通过各种途径,充分发挥公路交通法治工作的服务和监督职能,科学防范各类法律风险,促进依法治路,实现公路交通法治工作跨越发展,为做好"三个服务"不断创造新的条件,开辟新的途径。

注重推进创新,这是公路交通法治工作做好"三个服务"的内在动力。公路交通法治工作如何深入开展,更好地把握规律、创新理念、转变方式、破解难题、提升水平,是公路交通法治机构及其工作人员必须思考和回答的理论问题和实践课题。要不断提高工作创新能力,激发创新活力,增强创新实力。坚持以理念创新为先导,体制机制创新为动力,政策创新为保障,做到发展要有新思路,改革要有新突破,工作要有新举措,作风要有新转变,方法要有新创造,业绩要有新成效,为做好"三个服务"不断注入新的活力和动力。

强化依法管理,这是公路交通法治工作做好"三个服务"的坚实基础。加快职能转变,强化管理、服务和监督职能,建设服务型单位,在服务中实施管理,在管理中体现服务,增强公路管理机构的执行力和公信力,推进政务公开,规范权力运行。进一步创新公路交通法治服务体制,健全完善惠及行业内外的服务体系,着力解决直接关系到人民群众切身利益的法律问题。建立快速高效的应急反应机制,提高突发性、群体性涉法事件的应急处置能力。

总之,努力做好"三个服务",既是公路交通法治工作贯彻落实交通强国战略的根本要求,也是做好公路交通法治工作的时代要求。要不断增强做好相关工作的主动性、积极性和创造性,并在实践中不断深化、丰富和完善,为公路交通事业又好又快发展当好先行,提供保障。

三、推行"四化"管理

在提升工作效能、塑造行业形象、推动行业发展方面,山东省交通运输系统大力推行以标准化、规范化、集约化、人本化为主要内容的管理,取得了明显成效。公路是国民经济发展所必需的重要基础设施,公路交通行业是交通运输业的重要组成部分,在一定程度上具有明显的先导性,即所谓的"要想富,先修路"。着眼交通运输工作全局,促进公路交通事业又好又快发展,强化管理是重要的基础保障。所以,根据公路交通事业发展需要,积极推行法治工作"四化"管理显得十分必要。

"四化"管理作为一种理念,有着很强的指导性。标准化就是"依据什么",规范化就是"怎么做",集约化就是"用什么方法做",人本化就是"为谁做"。"四化"管理是一项系统工程,标准化、规范化、集约化、人本化管理四要素之间既相互联系,构成一个统一的整体,又相对独立,各有侧重。其中,标准化是依据,是"四化"管理的基础;规范化是方式,体现了管理中的程序流程;集约化是手段,体现了管理中的统一高效;人本化是核心,是管理的目的和最高境界。

标准化是规范化的基础。没有完善的标准,就谈不上公路交通法治工作的规范化。一方面要梳理、修订原有的标准,该清理的清理,该废止的废止。同时要对那些经过实践检验行之有效的标准,进行充实完善,使之更加符合公路工作实际。另一方面，要制定新的标准，按照谁主管、谁负责的原则，广泛开展调查研究，抓住公路交通法治工作中的根本性问题和涉及人民群众切身利益的法律热点、难点、焦点问题，建立体现人本化、科学化的交通法治工作管理标准。标准的制定要细化、量化，要便于执行，便于考核，不能只上墙不上心，只为应付检查。通过标准化管理，使公路交通法治工作逐步系统化、规范化，进一步提高工作水平。

在标准化管理的基础上，还要加强规范化管理，严格落实各项规章制度，努力提高基础管理水平。要按照"职责清晰化、业务程序化"的要求，科学合理地制定公路交通法治工作的基本制度及各类作业流程。对法治工作的各个环节精心筹划，逐一规范，配套相应的监督制度、制约制度，形成完整规范的制度体系，做到无缝覆盖，切实用制度管权、用制度管事、用制度管人，避免因公路交通决策、执行、管理等行为不规范而引起不利后果发生。规范化管理的重点是管理行为规范化，难点是日常工作的规范化。

集约化的"集"就是指集中，集合人力、物力、财力、管理等要素，进行统一配置；集约化的"约"是指在集中、统一配置生产要素的过程中，以节俭、约束、高效为价值取向，从而达到降低成本、高效管理，进而使公路交通法治工作能够集中优势，发挥出最高效能。一是优化公路交通法治工作资源配置，整合人才、装备和信息资源，形成集约效益。二是加快信息技术应用，大力发展电子政务，推行无纸化办公，提高工作效率，降低管理成本。三是优化工作流程，对当前运行的影响工作绩效和工作质量的流程以及重复、烦琐、落后等不适应工作需要的环节，进行压缩、优化、整合。四是加强内部协作配合，按照纵向指导有力、横向协作紧密的要求，认真分析并切实解决管理工作中不到位和缺位的问题，进一步明晰职责、理顺关系、提高效率，确保法治工作实效。

人本化就是牢固树立以人为本的思想，注重解决关系人民群众切身利益的问题，逐步探索建立职工利益诉求表达机制、职工利益保障机制，让公路交通事业的发展指数与干部职工工作和生活的幸福指数统一起来，不断增强干部职工的主人翁意识和工作责任感。

公路交通法治"四化"管理是一项系统工程，包括制度标准化，行为规范化,机制集约化,服务人本化等诸多内容,涉及公路交通工作的各个领域,渗透公路工作的各个环节。实施公路交通法治工作"标准化、规范化、集约化、人本化"管理是顺应时代形势,加快公路交通法治工作指导思想转变的一项具体行动,是提升行业文明创建水平的重要举措。

第四节　怎样做好公路交通法治工作

公路交通事业的飞速发展,对公路交通法治工作不断提出更高的要求。做好公路行业的这项基础性工作,必须以习近平新时代中国特色社会主义思想为指导,深入贯彻落实法治政府建设要求,充分把握公路交通法治工作的内在规律,并坚持理论与实际相结合,创造性地开展工作。

一、贯彻落实法治政府建设要求

《法治政府建设实施纲要(2021—2025 年)》指出,法治政府建设是全面依法治国的重点任务和主体工程,是推进国家治理体系和治理能力现代化的重要支撑。公路交通法治工作是法治政府建设的一部分,必须坚持以习近平新时代中国特色社会主义思想为指导,全面贯彻习近平法治思想,增强"四个意识"、坚定"四个自信"、做到"两个维护",把法治公路建设放在公路交通事业发展全局中统筹谋划。

公路交通法治工作的发展,对于构建法治公路,加快推进公路交通事业现代化,推进交通强国战略实施,具有重要意义。要牢牢抓住依法治路这个中心,为公路交通事业的发展保驾护航。要注重储备和使用交通法治工作急需人才,着力把握发展规律、创新发展理念,实现又好又快发展。近年来,公路交通事业的发展对公路交通法治工作不断提出新的更高要求。但这项工作在某些方面还比较薄弱,在很大程度上不能满足行业发展需要。今后,应当站在发展的角度来看待公路交通法治工作的不足,不断提升工作水平。

开展公路交通法治工作必须增强群众意识。要了解公路使用者及广大群众对公路执法和管理的要求,有针对性地改进我们的工作,确保依法行政;向社会宣传和提供公路交通法治信息,耐心、细致、准确地解答群众提出的各种涉路法律问题,使人们了解公路交通法治,支持公路交通法治,参与公路交通法治;采取有效措施,科学防范日常工作和生活中可能存在的法律风险,有效避免涉法行为的法律漏洞,使公路交通法治工作既能维护路产路权,又能维护职工权益,更能考虑人民群众利益,使交通法治工作的服务功能得到充分体现和延伸。

要按照公路交通事业总体布局,全面推进公路交通法治工作各个环节、各个方面相协调,实现可持续发展。人才、装备、机制、体制等,都应当是公路交通法治工作可持续发展重点考虑的问题。另外一个重要问题是,公路交通法治工作做得好坏,最终要靠广大人民群众来评说。所以,公路交通法治工作的开展,应当面向社会,面向大众,让全社会都来了解、支持这项工作,这样工作起来才有底气,才有基础,才有力度,才有效果。此外,还要正确认识和妥善处理公路交通法治工作涉及的重大关系,统筹公路交通工作各环节的法律事务关系和各类利益关系,兼顾公路交通法治工作本身的各个环节,充分调动各方面积极性,更好地发挥这项工作的重要作用。同时,要牢固树立大局意识和全局观念,不能在工作中顾此失彼。

二、把握公路交通法治工作的内在规律

建设法治政府是经济社会发展的必然要求,是现代政治文明的呼唤。同样,建设法治公路是公路交通事业实现跨越发展、良性发展的必然要求。为了实现依法治路的工作目标,必须擅于把握公路交通法治工作的内在规律。规律是客观事物内部的本质的普遍的必然联系。公路交通法治工作的规律是公路交通法治工作发展中表现出来的固有的、本质的、必然的、稳定的联系,具有客观性、普遍性、稳定性和重复性的特点。

建设法治公路是经济、社会发展的必然结果。经过数十年的改革开放,中国已经成为世界上最大的市场之一,也是经济最有活力的地区之一。市场经济就是法治经济,商业文明和法治文明不可分割。作为上层建筑领域

的法治的发展最终决定于经济基础,市场经济越发展,就必然要求法治建设完备,市场经济的发展也为法治建设提供了必要的物质条件。法治建设对市场经济的发展也具有强大的反作用力。法治建设越完备,就越能保障市场经济的快速发展,市场经济要受法律规范、引导、制约、保障,并严格按照法律运作。在市场经济中,国家的管理者和市场经济活动的主体都要服从法律秩序。只有加快法治进程,推进政府职能转变,才能从根本上保证经济健康快速发展。所以,必须通过法治建设确立适应新时代市场经济和公路交通事业发展需要的法治基础、法律秩序和基本原则。公路交通事业的健康发展与公路交通法治建设密不可分,这是市场经济条件下公路交通行业发展客观规律的内在要求。

法治型公路管理机构是法治政府建设的重要组成部分。改革开放以来,我们一手抓经济建设,一手抓法治建设,社会主义民主与法治建设取得显著成绩,依法行政的观念得到普遍认同,依法行政已成为国家机关行使权力的基本准则。随着行政诉讼法、行政处罚法、行政复议法、国家赔偿法、行政许可法、监督法等一系列规范行政权力的法律相继出台,依法行政工作大大加强。公路管理立法进程也不断加快,出台了《公路法》《公路安全保护条例》《路政管理规定》等一批法律、法规和规章,为依法治路提供了必要的法律依据。各级公路管理机构承担着公路建设、养护、运营、管理等职责,其中包括一部分辅助性行政职能,这些工作是政府行政管理工作的一部分,所以法治型公路管理机构是法治政府建设的重要组成部分。

三、理论与实践相结合

理论源于实践,理论的目的在于指导实践,只有同实践相结合,理论才有生命力。公路交通法治工作者必须认真钻研法治工作理论,必须紧紧围绕依法治路的实践,总结公路交通工作的新变化和公路交通法治工作的新特点,研究公路管理机构在依法行政实践中遇到的新情况、新问题,将现实问题作为理论学习的起点和契机,以此推动公路交通法治工作实践。

做到理论与实践相结合,就要注意研究新情况,总结新经验,探索新理论,克服教条主义、经验主义。理论研究既源于实践,又要高于实践;既要从实际出发,又不能迁就已经落后的现实、简单地解释现状。正确的态度应当是,从实际出发,既不能裹足不前,无所作为;也不能超前行事,急于求成。要将公路交通法治工作理论研究自觉地放到公路工作的大局中去思考和总结,创造出更多有价值、有现实意义的成果,更有效地服务各级公路管理机构的行政管理活动。

公路交通法治工作如何更好地把握规律、创新理念、转变方式、破解难题、提升水平,是公路交通法治机构当前必须思考和回答的理论课题和实践课题。公路交通法治建设必须适应新时代公路交通事业发展要求,必须适应经济社会发展要求,必须适应全面推进依法行政的要求,必须适应深化行政管理体制改革的要求,必须适应做好"三个服务"、推进公路交通事业又好又快发展的要求。

一是继续加快公路立法步伐,不断提高立法质量。立法中要着重处理好公共利益与公民合法权益的关系、权力与责任的关系、强制与引导的关系、立足现实和改革创新的关系。

二是加强公路交通法治文化研究。总结提炼法治文化的核心价值理念,以文化的力量引导法治公路建设不断推向深入。

三是加强对基层公路交通法治建设的指导。建立和完善法治工作定期交流联系制度、法治工作年度总结与计划的报告制度、法治工作人员培训制度以及法律法规执行情况的监督检查制度等。

四是加强对公路交通法治工作的领导。特别是要进一步建立健全法治机构,使法治机构的设置和人员配备与当前日益繁重的公路交通法治工作任务和全面推进依法行政的要求相适应。

五是加强基础工作研究。研究公路交通法治工作面临的新情况、新问题、新要求,怎样加强队伍建设,如何建立和落实工作责任制等。

四、创造性地开展工作

《辞海》对"创造"的解释是:"首创前所未有的东西。"《现代汉语词典》

(第7版)中的解释是:"想出新方法,建立新理论,做出新的成绩或东西。"由此推论,所谓创造性地开展工作,就是要发挥人的主观能动性,在实践中不断开辟认识真理的道路,不断推进改革创新的进程,在各项事业中不断做出新的成绩。在公路交通法治工作中,要不断面对一些新的工作局面,大事、急事、难事不断增多。循规蹈矩、按部就班的工作方式已不能适应目前的形势需要。要做好公路交通法治工作,必须努力寻求发展、拓展思路,在思发展、谋发展、促发展上动脑筋下功夫,创新思维、创新方法,创造性地开展工作。

第一,要培养创新意识。创新意识是开展创造性工作的前提。首先表现在能够并且善于解决矛盾的特殊性。公路交通法治工作的特殊性就是公路交通法治工作在各地区、各领域的特殊情况,具体地讲就是如何把上级的方针、政策与本地区本部门、本岗位的实际相结合。上级的方针、政策是从大局出发,它在具体执行过程中,会受到具体情况的制约,这就是公路交通法治工作的特殊性。所谓创造性工作,就是有效地将法治工作的普遍性和本地区本部门的特殊性结合起来,找准结合点,就等于找到了解决主要矛盾的"钥匙"。

第二,要锻炼创新能力。创新能力就是将上级的方针、政策创造性地与本地区本部门的实际情况相结合的能力。为此,必须吃透"两头":一是吃透"上头","上头"即上级关于公路交通法治各项工作的指示和精神,要领会实质,由此才能带动全局工作向前发展;二是吃透"下头",即做到对本地区本部门的实际情况心中有数,这就必须深入基层进行调查研究,实事求是地加以总结和概括,从而上升为指导全局的经验。只有全面占有材料,才有发言权,才能有的放矢,开拓进取,提升创新能力;才能有所发展,有所创新,有所前进。

第三,要发扬创新精神。各级公路交通法治工作者都应当有探索和创新精神,并能自觉地将这种精神贯彻到实践中去。工作是否做得好,事业是否能够成功,与主观上所具有的探索和创新精神密切相关。有此精神,则不拘泥已有的方法,不满足已取得的成绩,总能高人一筹,先人一步,总能在没有路的地方探索新路,在走不通的路上开出通途。当然,这种探索和创新有时也会走一些弯路,但失败是成功之母,只要敢于探索勇于创新,我们总能找到新的出路,总能取得新的成绩。

第四,要制定创新目标。要在领会上级总的奋斗目标的前提下,合理制定本地区本部门开创性的工作目标,这样才能保证公路交通法治工作年年都有新的成绩,一年上一个新台阶。法治工作的政治性、政策性、专业性、知识性、程序性较强,上级主管部门较多,既要完成上级主管部门布置的各项工作,又要落实政府法治部门交办的工作任务,但是不能仅仅满足于完成规定"动作",在制定工作目标时求安求稳多,"自选"动作少,这样就缺乏理性思维和创新精神。

公路交通法治机构、法治工作队伍建设得如何,直接关系到公路交通法治工作的效果。公路交通法治机构是公路管理机构内部从事法治工作的部门,是公路管理机构开展依法治路工作的参谋、助手。为适应公路交通事业发展需要,应当逐步建立和完善公路交通法治工作人员准入制度。公路交通法治工作人员必须增强法律意识、责任意识和服务意识,提高调研能力和解决实际问题的能力,进一步明确自身的角色定位,积极主动地安排工作,在公路交通事业发展中充分发挥法治保障和服务作用。

第一节　公路交通法治机构

公路交通法治机构是公路管理机构内部从事法治工作的部门,是公路管理机构开展依法治路工作的参谋、助手,在推进依法行政和建设法治公路中发挥着十分重要的作用。目前,有些地方的公路管理机构设立了专门的法治机构,或称法规科(处),或称法制科(处),还有的公路管理机构虽然没有设立专门机构,但是确定了法治工作的归口科(处)室,具体负责公路交通法治工作的开展。县级公路管理机构大都没有设立专门的法治机构,但有的已经确定归口科室,或者确定了法治工作联系人。

一、公路交通法治机构的主要职能

前面讲到公路交通法治工作的主要内容时,已经涉及公路交通法治机构的职能,但在这里仍然有必要从职能定位的角度,对公路交通法治机构所承担的主要工作职能作进一步明确。

第一,推进依法行政工作。公路管理机构应充分认识全面推进依法行政的必要性和紧迫性,真正把推进依法行政、建设法治公路作为公路交通行政管理的基本准则。在实际工作中,加强组织、协调和指导、督促,一级抓一级,逐级抓落实。公路交通法治机构应当在职权范围内完善目标考核管理办法,把依法行政情况作为目标考核的重要内容,不断提升行业法治工作水平。

第二,行政执法监督。综合行政执法改革后,公路管理机构仍承担一定辅助性执法或管理工作,法治机构代表本单位具体负责这部分行政工作的法治监督工作。其主要职责是:宣传、贯彻有关法治监督工作方面的法律、法规、规章和其他规范性文件;拟订法治监督的有关制度,经批准后实施;拟定法治监督年度工作计划,并组织实施;参与重大涉路行政处罚决定的讨论;对在法治监督中发现的问题,提出处理意见和建议;参与办理行政复议、行政诉讼案件;接受公民、法人和其他组织对公路管理机构管理行为的投诉,并分别情况做出处理;其他行政执法监督职责。

第三,规章制度起草。在规章制度的制定过程中应当充分发挥作用,积极参与调研、起草、审核等工作。在规范性文件的制定、修改调研中,应当积极参与并认真完成交办任务。对本单位其他部门参与起草的规范性文件或者规章制度,应当按照有关程序认真进行审核、把关,对发现的问题及时做出反馈,共同研拟解决办法。公民、法人和其他组织对规范性文件、规章制度的内容和实施提出异议的,公路交通法治机构应当依法及时研究处理。

第四,法治工作人员培训、考核和管理。公路交通法治机构应当加强法治工作人员的法律知识培训和考核工作,加强人员管理。培训内容应涵盖常用的法律、法规、规章,以及政治理论、职业道德、廉政知识等。考核可从德、能、勤、绩、廉等方面着手,并结合考核工作认真落实工作责任制。

二、公路交通法治机构在推进依法行政中的地位和作用

依法行政是一项综合性的系统工程,涉及决策、制度建设、管理、监督、

法治宣传等多方面内容。公路交通法治机构是公路交通行业推进依法行政的重要力量,在推进依法行政中具有重要地位。

第一,公路交通法治机构是依法行政的制度建设者和工作组织者。依法行政,首先要求有法可依。公路立法是国家立法体系的重要组成部分,而各级公路交通法治机构可以在公路立法工作的有关环节发挥重要作用,积极建言献策,结合基层工作实际提出意见和建议。公路交通法治机构还在规范性文件的制定、日常管理制度的制定中发挥着举足轻重的作用,是名副其实的制度建设者。公路交通法治机构还为依法行政工作的具体开展提供了坚实的组织保障,是依法行政工作的组织者。

第二,公路交通法治机构是推进公路行业依法行政的行为监督者。公路交通法治机构是公路管理机构办理行政复议、涉路诉讼案件的机构,又是受公路管理机构委托参加非诉讼法律活动的机构,承担着对各工作环节进行法治监督的职能,同时还承担着对规章制度的起草、审核、报备等职能,对部分抽象行政行为进行监督。所以,公路交通法治机构是推进公路行业依法行政的行为监督者。

第三,公路交通法治机构是各级公路管理机构推进依法行政的法律顾问。公路交通法治机构围绕公路交通中心工作开展法治建设,在行政工作法治化方面积累了丰富的经验,并且有一支政治、业务和法律知识等综合素质较高且工作严谨、责任心强的法治工作队伍,可以为公路管理机构在重大问题决策、重大问题的处理等方面提供法律咨询服务。

公路交通法治机构在推进依法行政中的作用主要有以下几个方面。

(1)加强法治宣传教育,提高广大公路干部职工依法行政的意识和水平。公路系统依法行政的主体是公路管理机构及其工作人员,而不是行政管理的对象(公民、法人和其他组织)。公路交通法治机构要通过法治宣传教育提高广大干部职工的法律素质,提高其依法治路的水平,为推进依法行政工作提供保障。

(2)监督职权行使,规范行政行为。公路交通法治机构通过参与重大决策和重要问题的处理活动,对公路管理机构的决策、管理进行监督,规范相关行为和工作程序,建立依法行政的法律制度和运行机制,确保各项法律、法规、规章和依法行政的要求得以落实。

(3)加强考核,完善依法行政工作。公路交通法治机构要通过监督、检查、考核、评价,全面了解本系统执行法律、法规、规章的情况,对依法行政状况作出评价,及时汇报,并提出改进和加强依法行政工作的意见和建议,以便进一步强化和完善依法行政工作,保证法律制度得以全面实施并取得实效。

(4)加强理论创新,引导依法行政。依法行政就像任何实践活动或工作一样,需要理论的创新和引导。公路交通法治机构要通过开展依法行政理论课题研究和交流,提高认识,从理论的角度提出推进依法行政的思路,使得依法治路各项工作能够与时俱进。

(5)加强协调和沟通,不断改进工作方法。公路交通法治机构要通过传达上级关于依法行政的决议、决定和工作会议精神,指导下级公路管理机构的法治工作,协调本系统各部门之间有关法律实施中的不同意见和争议,并通过法治监督、复议诉讼等活动加强与社会各界、广大群众的联系,听取他们对依法治路的呼吁和意见、建议,为进一步改进工作方式方法、提高工作效率、降低行政成本,全面加快推进依法行政进程,发挥承上启下、内协外联的桥梁与纽带作用。

第二节　公路交通法治工作人员的任职资格及综合素质要求

什么样的人员才能胜任公路交通法治工作?这是公路交通法治队伍建设所面临的一个实际问题。作为政府法治工作一部分的公路交通法治工作,应当随着法治政府建设步伐的加快逐步建立和完善公路交通法治工作人员准入制度。

一、公路交通法治工作人员任职资格

公路交通法治工作人员是公路交通法治工作的实际承担者,也是公路交通法治工作做得好坏与否的决定因素。在现有体制下,公路交通法治工作人员属于普通的公路干部职工,除了参加一些常规的培训、考试外,对专业几乎没有任何要求。在国家大力推行"依法行政"的今天,公路交通法治工作愈显重要,对其工作人员的专业要求也越来越高。作为公路管理机构的法律参谋和助手,为公路宏观决策提供法律意见、办理各类涉路案件、监督行政行为、防范法律风险是公路交通法治机构的基本工作职责,如果继续沿用原来的用人方式,显然不符合公路交通事业发展的要求。

许多有识之士参照法律对法官、检察官、律师、公证员等法律从业者的准入条件和任职资格的规定,建议在政府法治工作人员中实行类似的、严格的任职资格制度。按照法律规定,从事法官、检察官、律师、公证员等法律职业必须先通过国家统一法律职业资格考试,同时还针对不同的职业岗位设定了工作经历、年龄等其他条件。单就国家统一法律职业资格考试的报名条件来说,就非常严格。从近年来的情况看,该考试的通过难度一直很大。

各级政府法治机构中的法治工作人员所从事的工作在某种程度上与律师等法律职业在专业性上相差无几,如果说对律师等法律职业必须实行严格的资格准入的话,那么也有必要对政府法治工作人员的从业资格做出比较严格的规定。即便如此,落实到公路交通法治工作这一具体领域,在短时间内执行如此高的选人用人标准也似乎不大可能。但不管怎样讲,有意识地严格公路交通法治工作人员选拔,按照较高标准进行岗位培训,的确已经成为公路交通法治工作的当务之急。

从公路交通法治工作实践来看,选拔法治工作人员,最起码应当具有全日制法律专科以上或者非法学专业本科以上学历,并且还要在工作岗位上对其进行针对性培训。尽管这一要求与目前的律师、法官等职业准入条件仍有很大差距,但如果能够严格执行的话,至少也可算作一个较好的过渡。进入法治工作队伍后,可以按照上级的安排参加一些专业方面的培训和考试。只有选用高素质的人才来承担这项工作,公路交通法治机构才能切实承担起制度建设、风险防范、案件承办等专业性工作。

二、公路交通法治工作人员的综合素质要求

公路交通法治工作人员的综合素质应当包括政治理论素质、职业道德素质、法律知识水平、实践能力等多个方面。面对新形势、新任务,公路交通法治工作人员必须增强法律意识、责任意识和服务意识,提高调研能力和解决实际问题的能力,在依法治路各项工作中发挥更大的作用。

(一)增强法律知识

法律意识是社会意识的一种特殊形式,是法律现象的一部分,泛指人们关于法的思想、观点、知识和心理的总称。良好的法律意识是"现代化的人"所必须具备的素养。法律意识的强弱可以从一个侧面反映出人们的素养如何,文明程度怎样。令人感到欣慰的是,随着我国法治建设水平的不断提高,随着社会的不断进步,人们的法律意识也普遍得到提高,我们也要正确认识法律意识的重要作用,在法律知识的学习中不断提高法律意识。

法律意识还分为个体法律意识和社会法律意识,如果缺乏个体法律意识,就谈不上维护自身合法权益,但是如果忽视了社会法律意识,则不但影响到公众权益,自我权益也很难得到充分维护。例如某地一个公路管理机构,根据公路法及其配套法规,查处了一起建筑控制区内的民房翻建行为。案件的起因是路边建筑控制区内有一处民房,修公路之前就存在,由于房子太破旧,又有危险,当地又不批宅基地,因此房主就把旧房子拆掉重盖,被公路管理机构依法查处。这个村民不服,起诉到法院。就是这样一起简单的行政处罚案件,事实清楚,证据确凿,适用法律也没有问题,结果法院判决公路局败诉了。公路管理机构不服,上诉到上一级法院,并且找来了交通法律专家代理。专家与二审法院的法官交流案情的时候,二审法官对一审判决也感到很奇怪,就把一审法官找来,问问原因。一审法官给出了这样的解释:一审开庭时他问公路管理机构的人为什么不让原告翻盖房子,对方回答说怕今后公路扩建拆迁补偿成本太高。所以,一审法官就认为公路管理机构的执法行为建立在自我保护法律意识的基础上,没有顾及社会利益,所以作出了前面的判决。专家听完介绍后,对法官们说,公路管理机构属于公权

力机构,公路属于公益性基础设施,禁止在公路建筑控制区内建房(包括翻建)是为了保护公路这一公共产品,维护人车路的公共安全,规范公平竞争秩序,其中最直接、最重要的就是确保公路完好、安全、畅通,减少路上的人员伤亡和财产损失,维护用路人的合法权益,从这个角度考虑,不特定多数人的生命健康权应当得到应有的保护,所以建议二审法院依法改判。这个案例给当地的公路管理机构上了生动的一课,它充分说明,在法律意识的培养中,个体法律意识和社会法律意识应当并重。

(二)增强责任意识和服务意识

实现建设法治政府的宏伟目标,是各级政府、政府部门以及广大法治工作者的共同责任。公路交通法治工作人员在推进依法治路工作中,责任尤为重大。一定要认清形势,增强责任意识,抓住机遇,趁势而上,切实解决存在的问题,打牢公路交通法治工作的基础。一是要有开阔的思路,可以采取多种方式考察、学习先进地区的经验,完善、提高自己,紧紧跟上公路交通法治工作蓬勃发展的步伐。二是要着眼经济社会发展大局。体制转轨,经济转型,经济社会不断发展变化的新形势,为公路交通法治工作人员发挥职能作用提供了广阔的空间。我们要紧紧把握时代脉博,延伸法治工作触角,自觉融入改革、发展、稳定大局,在建立完善利益协调机制、诉求表达机制、矛盾纠纷调处机制、权利救济和保障机制等广阔领域,努力发挥职能作用,为创造良好的公路交通发展环境,促进公路交通事业不断向前发展做出积极贡献。

增强责任意识的同时,还要强化服务意识。一是为公路工作法治化服务。要在重大决策、公共政策制定、具体行政行为实施、重要事务协调以及涉路诉讼、复议案件处理等方面,积极发挥法治服务作用,促进公路工作法治化。二是为本单位其他部门和下级公路管理机构依法行政提供服务。三是为人民群众依法维权提供服务。牢固树立为民服务理念,切实关注民生问题,在土地征用、公路管理等领域,依法提出规范管理行为、加大权益保护力度的意见和建议,真心实意地为人民群众依法维权提供咨询和帮助,进一步促进保护弱势群体合法权益有关制度的建立和完善,为促进社会公平、正义做出应有努力。

（三）提高调研和解决实际问题的能力

第一，提高调研能力。推进依法行政，建设法治诚信服务型行业，需要我们靠现代法治理念指导实践，在实践中不断创新、完善、健全体现法治精神的机制、制度和工作方法。公路交通法治工作人员要在做好日常工作的基础上，重视对一些法律规范不太健全，政策规定不很规范，又直接涉及改革、发展、稳定大局的领域的调查和研究，在理论与实践相结合的层面为公路决策提出建议，提供依据。提高调研能力必须先提高学习能力。公路交通法治工作政策性、专业性、法律性强，国家法治建设步伐日益加快，新法规大量出台，经济社会发展不断推进，公路交通事业管理方式创新不断深化，新问题不断出现，新理念不断确立，要求我们必须拓展学习领域，通过学习，解放思想、更新观念，提高法律素养和政策水平，这样才能不断提高调查研究的能力和水平，不断适应新形势对公路交通法治工作的新要求。

第二，提高解决实际问题的能力。公路交通法治工作能力高低，效果如何，最终体现在能否解决实际问题上。法治工作的许多方面体现在对有关事项的法律审核上，也叫"法治把关"。但"把关"不是"当关"，不能让法治工作成为其他工作的拦路虎，为了规避责任，不愿投赞成票。我们要以"想干事、肯干事、干成事、不误事"作为工作的标准，对涉及法律的重大事项，确实存在违反法律和政策的原则问题的，要依法办事，坚持原则，敢于说不；对存在矛盾和争议，在现行法律和政策框架下经过改变工作途径和方法能够解决的问题，要善于说行。要善于运用法律工具分析和研究问题，提出建设性的意见和建议。要将法律当作促公路交通事业发展的重要资源，用法律来支撑和保障公路重大决策和重大工作部署的实施，用法律维护人民群众的合法权益，做到体现核心工作的要求与体现人民群众的意见相结合，使公路交通法治工作围绕中心、贴近民心，确保实效。

第三章 公路交通法治工作目标管理

目标管理这一概念是由美国著名管理学家彼得·德鲁克于1956年在其《管理实务》中首次提出的,被誉为"管理中的管理"。将目标管理运用到公路交通法治工作当中,在公路交通法治工作人员及广大公路交通干部职工的积极参与下,合理地确定法治工作目标,并由确定的机构在工作中实行有效控制,对确保工作目标实现具有重要的意义。

第一节 公路交通法治工作目标管理概述

实际上,古人对目标管理已有一定认识。《礼记·中庸》中说:"凡事预则立,不预则废。"就是说做事要有目标、有计划,否则不会成功。所谓目标管理就是根据工作的总目标,分解为具体的、细化的工作目标,并在此基础上进行计划、执行、控制、考评的管理方法。简单地说,它就是引导工作迈向整体预期成果的一种管理方法。在公路交通法治工作中,根据公路交通工作的整体战略规划,运用系统化的管理方式,把各项法治事务展开为有主次的、可控的、高效的规划、计划、方案,并及时总结和考核,通过激励广大公路交通干部职工共同参与,以实现工作目标,这就是目标管理的过程。

一、目标管理的概念

目标管理包含以下含义:一是系统管理。各部门、各单位的工作都带有一定的不同,或者说专门性,同一部门或单位不同时期的工作内容也会有所区别,而目标管理不仅主张重视长、短期目标的配合,更注重相关部门之间相互协调配合以及个人目标与工作总目标的整合。二是人本管理。目标管理主张全员参与,根据上级关于公路交通领域的决策要求共同磋商决定目标;主张授权,个人岗位工作计划的实施,以及基层公路管理机构工作目标的确定,都会有不同程度的授权,以提高工作积极性和主动性;主张激励,鼓励发挥潜能达成目标或合理地超越目标;强调协作与配合,不仅涉及公路交通管理层次的纵向配合,还牵涉个人、部门间的横向联系与协调。三是规范管理。目标的确定是一项重要的决策,规范决策,做到科学化、民主化、法治化才能保证目标切实、可行;计划、方案的制订和实施也要力求规范,否则很容易引起实施过程中的无所适从;目标检查、绩效考核也要实现规范化,这样才能令人信服,才有公信力和说服力,才能进一步改进工作,才能有利于目标实现和今后目标的制定实施。

公路交通法治工作目标管理的实质是强调根据法治工作目标进行管理,即围绕确定公路交通法治工作目标和以实现目标为中心,开展一系列管理活动。这种管理的主要特点是:强调活动的目的性,重视在目标实现过程中对工作的控制、检讨和改进,以及对目标体系的及时修正和完善;强调用目标来统一和指导全体人员的思想和行动,以保证公路交通法治工作的系统性和行动的一致性,使管理过程、人员、方法和工作安排都围绕目标运行;强调发挥法治工作人员和其他相关人员的积极性、主动性和创造性,按照目标要求实行自主管理和自我控制,以提高公路交通法治工作的创造性;强调根据目标实现情况来考核公路交通法治工作绩效,确保公路交通法治工作取得令人满意的效果。

二、目标管理的作用

德鲁克认为,如果一个领域没有目标,这个领域的工作就必然被忽视。公路交通法治工作目标管理是落实法治政府建设要求,促进公路交通行业科学决策、统筹发展的重要保证,特别是对落实公路交通工作重大战略部署和解决关键性问题起着至关重要的作用。

第一,有效落实公路交通法治工作目标和发展规划。要做好法治工作,必须合理地确定工作目标。而要实现这些目标,就应当分阶段进行,分步骤实施。公路交通法治工作中的目标管理就是为实现目标对法治工作进行的策划、协调、监督、评价等活动,是法治工作目标实现的保障。目标管理强调上下协调,层层抓落实;强调前后一贯,有所创新。如此一来,公路交通法治工作目标就会得到很好的落实。

第二,明显提高公路交通法治工作效率。工作效率高低,与个人向全单位、全行业的工作总目标努力的程度有密切的关系。法治工作目标的确定,使所有人统一协调向预定目标前进,可以减少人力、财力的内部无效消耗。法治工作目标管理有一系列的监督和激励措施,能动态地反映个人的工作状况和潜能,使管理人员了解法治工作队伍状况,及时培养、发现、使用人才,达到"人尽其才,才尽其用"的管理效果。各类计划、方案的制订和实施本身就是一项周密的工作安排,会因此减少许多不必要的环节,使工作少走弯路。

第三,为做好"三个服务"、实施"四化"管理创造有利条件。目标管理能够有效地提升交通法治工作能力和服务水平,能够在目标的确定、计划的制订和实施、工作的考核和总结等环节和过程中,有力地促进各项工作实现标准化、规范化、集约化、人本化。目标管理使管理层次在明朗化的同时,还在全员参与中促进了沟通,并且整个过程中分工明确,权责统一,增强了团队战斗力,为做好"三个服务"、实施"四化"管理营造了良好的氛围。

三、目标管理的实施

第一,结合公路交通法治工作实际制定目标管理制度,包括目标决策制度、职责分工或岗位责任制度、计划落实制度、监督检查和反馈制度、绩效考核制度等。制度的制定要符合工作实际需要,具有可行性。制定目标管理制度要经过广泛、深入调研,杜绝"假、大、空",各项制度要互相衔接、协调,避免自相矛盾,制度建立后还要在实践中不断检验、修正和完善。

第二,公路交通法治工作目标的设定。根据上级主管部门和当地政府法治部门对一段时期内法治工作的总体部署,结合本地公路交通工作实际,设定切实可行的公路交通法治工作目标。在设立目标时必须遵循五项原则:目标应当是具体的,目标应当是可以量化的,目标应当具有一定挑战性,目标可以分解,达成目标有一定时间限制。目标设定是一个持续的过程,不是一成不变的,需要根据实际情况进行适当修订。

第三,公路交通法治工作目标的分解。工作目标分总目标和分目标,总目标是法治工作的战略目标、远期目标,分目标是法治工作的战术目标、近期目标,通过战术目标完成战略目标。目标分解就是将总体目标在纵向、横向上分解,形成目标体系的过程。目标分解是明确目标责任的前提,是使总体目标得以实现的基础。进行目标分解时,法治工作的分目标要保持与总体目标方向一致,分目标之间在内容与时间上要协调、平衡,共同促进法治工作总体目标的实现。

第四,组织实施。一般来讲,公路交通法治工作目标主要通过计划、方案的制订和实施来实现。法治工作计划、实施方案以及与此有关的阶段性工作总结等在公路交通法治工作中经常用到,后面设有专节进行讲述。目标管理的实施过程中,还需要保持工作跟踪,及时进行法治工作的目标控制,确保工作任务按时完成。此外,还有一个重要的环节就是绩效考核,考虑到公路交通法治工作考核在公路系统行业创建和政府部门年度绩效考核中的重要性,本书单列一章进行探讨。

总的来说,公路交通法治工作目标管理体系包括制度形成、目标设定、目标分解、组织实施、绩效考核等,贯穿公路交通法治工作始终。由于目标管理工作是一项系统工作,因此要取得目标管理的成功,必须满足一些条件,如制订出切实可行的工作计划、实施方案,及时总结工作、反馈问题、修正目标,另外还有有效的管理和良好的作风等。

第二节　公路交通法治工作计划

计划是管理的首要职能,更是公路交通法治工作目标管理的重中之重。

一段时期内公路交通法治工作安排,特别是大规模的组织活动,要提高管理水平,必须切实做好计划管理工作,使计划转变为工作绩效。

一、公路交通法治工作计划的含义

公路交通法治工作计划,是指对将要进行的公路交通法治工作或活动预先提出目的、要求、任务、指标、步骤、措施和完成期限的一种文体。工作规划、工作设想、工作要点、工作意见、工作打算、工作安排等都属于工作计划。公路交通法治工作计划按时间可分为短期计划和长期规划,短期计划又分为年度计划、季度计划、月份计划等。

公路交通法治工作计划一般包括以下内容:①情况分析,也就是制订计划的根据,包括上级对工作的要求,以及本单位上一阶段工作做到的程度、有哪些优点与缺点或经验教训以及有哪些有利条件和不利条件;②工作任务和要求,即计划要做些什么工作,一定时期计划指标应完成的任务,以及应达到的要求;③工作方法、步骤和措施,即为了完成计划应该怎么具体去做,去落实,包括责任分工、方法、步骤、措施、时间期限等。

公路交通法治工作计划是提高工作效率的有效手段,写工作计划实际上就是对我们自己工作的一次盘点,让自己做到清清楚楚、明明白白。计划能力是各级公路交通法治工作人员管理水平的体现,对于公路交通法治工作的发展来说,计划显得非常重要,计划做得如何,在很大程度上能够代表法治工作水平的高低。通过工作计划可以使公路交通法治工作由被动变为主动,有了工作计划,在做具体工作时不需要再等领导安排,工作效率自然也就提高了。

工作计划制订完成、写出来,目的就是要执行,所以工作计划要具有可行性,符合实际情况。工作计划应该是可以调整的。当工作计划的执行偏离或违背了我们的目标时,需要对其做出调整,不能为了计划而计划。写好工作计划,对单位或部门的工作能起到指导、组织、推动和监督作用。另外,在工作计划的执行过程中,要经常跟踪检查执行情况和进度,发现问题及时解决。

二、制订公路交通法治工作计划的方法

工作计划是日常公路交通法治工作中使用范围很广的重要公文,对一定时期的公路交通法治工作预先作出安排和打算时,都要制订工作计划。其中,比较长远、宏大的为法治工作规划,比较深入、细致的为法治工作计划;比较简明、概括的为法治工作要点,比较切近、具体的为法治工作方案。不管其如何分类,工作计划的主要内容都是"做什么""谁来做""怎么做"和"何时做"四大项,简单、清楚、可操作是工作计划要达到的基本要求。

公路交通法治工作计划格式要求一般分标题、正文、落款、附件等。标题一般由单位名称、适用时间和文种组成,或者由单位名称、事由和文种组成。正文一般由指导思想、工作安排和执行要求三部分组成,其中指导思想要写明制订计划的依据、目的和意义,完成计划的重要性、必要性,即情况分析;工作安排主要写明目标、措施、步骤等内容,其中目标指一定时期内要完成的任务和完成任务应达到的指标要求,措施指完成任务应采用的具体方法,步骤指工作的程序和时间安排;执行要求部分则提出完成计划的希望、号召。落款包括署名(盖章)和时间,时间写计划通过的日期,署名写制订计划的单位名称。此外,与工作计划密切相关的一些材料,不便在正文里表述的,可以作为附件放在最后。

法治工作规划是法治工作计划中最宏大的一种,从时间上说,一般为多年,从涵盖面来说,大都是全局性工作或涉及面较广的重要工作项目,从内容和写法上说,往往是粗线条的,比较概括,如《××单位第八个五年法治宣传教育工作规划》。狭义的公路交通法治工作计划是所有计划中比较适中的一种,时间一般在一年、半年左右,范围一般都是一个单位的工作或某一大项重要工作,内容和写法要比规划具体、深入。公路交通法治工作要点,实际就是计划的摘要,即经过整理,把主要内容摘出来的公路交通法治工作计划。一般以文件下发的计划都采用"要点"的形式,多用《通知》做"文件头",所以只要有标题和正文两部分内容就可以了。

制订公路交通法治工作计划应当以党的路线、方针、政策以及本行业的

具体方针、任务为指针,以本部门、本单位的实际情况为依据,要从实际出发,做到既积极,又稳妥,切实可行,切忌说大话,追求高指标。一要掌握上级的政策规定,这样的计划才会有高度,才不会偏离方向;二要多搞调查研究,掌握本单位和下属单位的真实情况,这样才能制订出符合实际的工作计划。所以,要写好公路交通法治工作计划,必须实现上情与下情的有机结合,坚持从客观实际和现实情况出发,认真调查研究,做到反复酝酿讨论,不凭主观愿和一时热情撰写计划,这样,才能保证公路交通法治工作计划有根据和基础,符合公路交通工作实际。

公路交通法治工作计划的内容要"实",必须坚持实事求是,做到目的明确、任务清楚、措施可行、要求具体,让人一看就知道什么由谁来做,什么时候应做什么,什么时候完成,一目了然。公路交通法治工作计划的语言要"精",力求做到简明扼要、具体准确,并非越长越好,而是要用最简练的语言,表达最完整的意思。此外,还要做到通俗易懂。让人一看就明白,读起来通顺,否则看了半天不知道写的是什么意思,让别人不能理解,就没有办法保证计划得到有效执行,法治工作的目标管理就成了空谈。

三、公路交通法治工作计划范本

××单位

关于印发 2021 年法治工作要点的通知

各有关单位:

为认真贯彻落实省、市交通运输工作会议和全市政府法治工作会议精神,深全面推进依法治路,为公路交通事业又好又快发展提供坚实的法治保障,现将《2021 年法治工作要点》印发给你们,请结合工作实际,认真贯彻落实。

二〇二一年一月五日

2021 年法治工作要点

2021 年公路交通法治工作的指导思想和总体思路是:以习近平新时代中国特色社会主义思想为指导,紧紧围绕公路交通工作中心,服务公路交通工作大局,以宪法和法律为依据,认真开展依法行政、法治宣传教育、法治监督、法务管理等各项工作,进一步推进公路交通工作法治化,为公路交通事业又好又快发展提供坚实的交通法治保障。

一、进一步完善公路交通法治工作目标管理体系

1. 坚持解放思想、转变观念,合理确定法治工作各项目标,采取有针对性的措施予以落实,使工作有成效、有创新。

2. 进一步加强法治工作队伍建设,提高法治工作水平。健全法治工作岗位职责制度,并以适当方式进行公示。

3. 按照省、市创建要求和全市绩效考核要求,加强对基层单位开展法治工作的指导和考核,完善考核标准和规范,对考核结果进行公示。

二、大力开展法治宣传教育

4. 以"学法律、讲权利、讲义务、讲责任"为主题,不断推进法治宣传教育,定期开展公路法律法规和相关知识培训,建立健全学法笔记制度,提高干部职工的法律意识和依法治路能力。

5. 通过集中培训和分散学习等形式,重点加强承担行政职责岗位人员的法律知识培训。

6. 充分利用各类新闻媒体宣传公路法律法规,组织好法治宣传日等重大宣传活动。

三、认真开展法治监督

7. 以公路交通法治工作机构及其工作人员为主导,全体干部职工广泛参与,按照国家规定对公路管理活动是否依法有效开展进行监督,及时发现问题并提出整改建议。

8. 在法律、法规、规章以及国家政策、上级规范性文件等贯彻执行过程中充分发挥组织协调和监督职能,确保各项制度在本单位得到落实。

9. 与纪检监察等部门密切配合,加强法治监督,杜绝违法违纪现象发生。

四、做好复议应诉工作

10. 认真贯彻《行政复议法》及其《实施条例》，参与办理与本系统有关的行政复议案件，及时化解行政争议，妥善处理群众最关心、最直接、最现实的利益问题，维护社会稳定。

11. 认真办理涉路民事诉讼案件和行政诉讼案件，与司法机关密切配合，维护好路产路权，做到案结事了，实现法治效果和社会效果的统一。

五、科学防范法律风险

12. 建立法律风险预警机制，采取有效措施，科学防范日常工作中可能发生的法律风险，避免各工作环节的法律漏洞。

13. 在合同的起草、谈判、签订、履约监管等环节加强管理，加强法律审查，提高合同管理水平。

14. 充分发挥专业优势，及时、认真、准确地解答基层单位和公路职工以及来访群众的法律咨询，在依法治路各项工作中提供法律服务。

六、进一步规范交通法治内业管理

15. 内业是公路交通法治工作的集中反映，是领导和上级主管部门了解情况、制定政策的重要依据，对档案资料应当进行科学分类，做到完整、规范、齐全，便于检索，同时确保各类档案资料的真实性。

16. 建立健全公路交通法治工作装备管理台账，确保规范、有效使用。

17. 对统计报表、案件备案、制度备案等，及时向上级部门报送。行政复议和诉讼案件办结后，将案件材料进行收集整理并装订成卷，案卷装订做到完整、规范，没有统一外观要求的，应力求严谨、美观。

七、深入实施"四化"管理

18. 在公路交通法治工作中继续深入实施标准化、规范化、集约化、人本化管理。广泛开展调查研究，完善法治工作管理标准，加强制度建设；加强规范化管理，努力提高基础管理水平；优化公路交通法治工作资源配置，优化工作流程，形成集约效益；坚持以人为本，依法行政，提高工作效率和服务水平。

第三节　公路交通法治工作方案

在公路交通法治工作中,为达到某一特定的工作要求,可从不同角度设计出多种工作方案,供领导参考。某项具体工作实施前,要从目标要求、工作内容、方式方法及工作步骤等做出全面、具体而又明确的安排,也需要以方案的形式来体现。

一、公路交通法治工作方案的定义

方案实际上也是计划的一种,但是更加具体,大多是针对特定的工作任务而制订和实施。公路交通法治工作方案是对未来要做的重要法治工作做出安排和筹划,是应用写作的计划性文体之一,也是实现公路交通法治工作目标管理的重要手段之一。公路交通法治工作方案具有以下特点。

第一,应用范围的广泛性。方案的适用范围很广泛。从适用的主体来看,各级公路管理机构以及公路管理机构的各个部门,乃至承担具体工作的个人,在面临某项工作的时候,都可以通过制订方案来确定实施步骤和方式。从方案的内容来说,对任何一项具体的公路交通法治工作,或者该项工作的某一具体环节,都可以通过方案的方式来谋划如何进行实施。

第二,方案内容的具体性。公路交通法治工作方案要对某项法治工作的工作内容、目标要求、实施的方法步骤以及组织保障、督促检查等各个环节都要做出具体明确的安排。要落实到工作分几个阶段、什么时间开展、怎样开展、什么人来负责、什么时间完成、如何监督检查、出现问题如何解决等,都要做出具体明确的安排。

第三,方案制订的规定性。公路交通法治工作方案的制订有很强的规定性,具体表现在两个方面:一方面,方案要根据上级关于法治工作的有关文件及精神来制订,要根据所要实施的法治工作的目的、要求、工作的内容及单位的实际情况来制订,而不能随意制订;另一方面,方案一旦制订出来,制订单位及相关人员就要按照方案认真组织实施,具有某种意义上的强制性。

二、制订公路交通法治工作方案的方法

公路交通法治工作方案的执行效果在很大程度上取决于方案制订水平如何,如果不了解现实情况,仅仅是纸上谈兵,那么这个方案先天就会给其后的执行埋下隐患。方案是计划中内容较为复杂的一种。由于一些具体法治工作比较复杂,不做全面部署不足以说明问题,因而实施方案也势必烦琐一些,一般有指导思想、主要目标、工作重点、实施步骤、政策措施、具体要求等内容。

公路交通法治工作方案从写作格式上大致分两类:一类是向外发送的,须具备正式公文的要素,通常用通知等形式下发,由标题、主送机关、正文、落款等内容构成,或者把方案附在通知的"文件头"之后;另一类是仅供内部工作使用的方案,没有主送机关等项目。这里主要介绍一下方案标题和正文的写法。

公路交通法治工作方案的标题通常有三种确定方法:第一种是二要素法,即"实施的内容+文种",如"公路交通法治工作绩效考核实施方案";第二种是三要素法,即"制文单位+实施的内容+文种",如"××单位关于××法治工作人员岗前培训的实施方案";第三种是四要素法,即"制文单位+制文时间+实施的内容+文种",如"××单位二○二一年普法考试实施方案"。

公路交通法治工作实施方案的正文一般分前言、主体、结尾三部分。前言要写明制发实施方案的目的和依据,要求写得简明扼要。一般先写制发的目的,常用"为""为了"开头;然后说明制发的依据,常用习惯语"根据……,结合……实际,制订本实施方案"。主体部分是实施方案的主要内容,一是简要交代基本情况,诸如重大活动的时间、地点、内容、方式、主题以及主办、协办单位等;二是简要阐述实施这项工作的重要性和必要性,阐明指导思想、目标要求及原则;三是实施某项工作的安排、步骤、方式方法等。这部分的内容要求具体明确,具有很强的可操作性。结尾部分通常是对贯

彻实施方案提出明确的要求,要写得简明扼要。

三、公路交通法治工作方案范本

××单位

关于××人员岗前培训的实施方案

为确保××工作的顺利开展,经研究决定对××人员进行岗前培训,以提高××队伍的思想政治素质和业务水平。现制订培训方案如下:

一、培训目的

通过开展集中学习培训,普及公路管理法律知识,规范仪容风纪,提高××人员的综合素质,使全体××人员能够符合上岗要求,做到作风优良、纪律过硬、业务熟练,全面提高××工作水平,树立公路交通行业的良好社会形象。

二、时间地点

本次培训从××年××月××日至××月××日,××月××日上午9:00举行开班典礼。培训地点在××治超检测站。

三、培训内容

这次学习培训,主要是组织××人员集中学习《公路法》《行政处罚法》《行政复议法》《行政许可法》《公路安全保护条例》等法律、法规和规章,加强职业道德修养,进行勤政廉政教育,并进行仪器、设备操作技能培训和适当强度的军事训练。

四、培训方式

本次培训为封闭式培训。培训结束时,根据学习内容组织队列会操和结业考试,检验学习成效。

五、培训要求

参训学员须按规定着装。培训过程中应服从安排,严格遵守培训纪律,严禁擅自外出,严禁擅自动用车辆,不准迟到早退。在技能培训、军事训练中听从指挥、统一行动。对所学内容做到精读细研、学深学透、活学活用。

附件:××人员岗前培训日程安排

××××年××月××日

附件：

××人员岗前培训日程安排

3月2日上午:学员报到、开班典礼、基础知识讲座

3月2日下午:队列训练

3月3日上午:职业道德、廉政讲座

3月3日下午:队列训练

3月4日上午:综合法律知识

3月4日下午:交通指挥训练

3月5日上午:工作实务

3月5日下午:队列训练

3月6日上午:综合法律知识

3月6日下午:队列训练

3月7日上午:综合法律知识

3月7日下午:交通指挥训练

3月8日上午:工作实务

3月8日下午:队列训练

3月9日上午:文书制作(一)

3月9日下午:队列训练

3月10日上午:文书制作(二)

3月10日下午:讨论、交流

3月11日上午:仪器设备操作技能(一)

3月11日下午:队列训练

3月12日上午:仪器设备操作技能(二)

3月12日下午:队列训练

3月13日上午:考试、会操、结业典礼

作息时间:6:00起床;6:30早操;7:00早餐;8:00—11:30上课;

12:00午饭;14:00—17:00上课;18:00晚饭;

19:00—20:30晚自习、活动;21:15点名、休息。

第四节 公路交通法治工作总结

对公路交通法治工作进行适时总结,是实行目标管理的需要,对于检讨既定法治工作目标完成得怎样,总结成绩,找到不足,吸取经验教训,合理制定下一步的工作目标,具有重要作用。另外,工作总结还是上级主管部门进行工作检查时的必看内容,可以为上级领导提供基层工作的情况,以便加强科学管理和指导。

一、公路交通法治工作总结的概念

公路交通法治工作总结是公路管理机构通过对过去一阶段公路交通法治工作进行全面回顾、检查、分析、评判,从理论认识的高度概括经验教训,判明得失利弊,以明确努力方向,用以指导今后工作的一种常用文书。公路交通法治工作总结的基本内容主要包括:背景情况的概述;成绩和不足,这是总结的中心,是对前一段时间工作的客观再现;经验和教训,对以往工作的经验和教训进行分析、研究、概括、集中,并上升到理论高度来认识;今后打算,明确努力方向,提出改进措施等。

公路交通法治工作总结的特点:一是工作内容的客观性。工作总结是前期工作实践的产物,它以客观评价前期工作中的经验教训为目的,以回顾法治工作实际情况为基本内容,以法治工作实践的事实为基础,所以其中工作内容的客观性是总结的本质特点。二是一定程度的理论性。法治工作总结应当忠实于法治工作实践,但是,总结不是工作实践活动的简单记录,不能完全照搬工作实践的全过程,它是对工作实践的本质概括,要在回顾工作实践全过程的基础上,进行理性的分析研究,归纳其中蕴含的规律,把感性认识上升到理性认识。

公路交通法治工作总结的分类:根据内容的不同,分全面工作总结和专题性总结。前者要求对前一段时间公路交通法治工作的全面开展情况进行回顾和总结,后者专门对前一段某一方面工作的具体情况进行梳理和总结。根据主体的不同,可以分为单位法治工作总结、部门法治工作总结、法治工作人员个人工作总结等。根据时间的不同,可以分为月法治工作总结、年度法治工作总结、阶段性法治工作总结等。区分以上总结的种类,目的在于明确重心、把握界限,为构思写作提供方便。

二、公路交通法治工作总结的写作方法

公路交通法治工作总结的写作过程,既是对公路交通法治工作实践活动的回顾过程,又是公路交通法治工作者思想认识提高的过程。通过总结,我们可以把零散的、肤浅的感性认识上升为系统、深刻的理性认识,从而得出科学的结论,以便发扬成绩,克服缺点,吸取经验教训,使今后的法治工作少走弯路,多出成果,对于工作开展是颇有成效的。它还可以作为先进经验被上级推广,为其他单位所汲取和借鉴,推动公路交通法治工作的顺利开展。

公路交通法治工作总结写作应遵循的原则有:一要坚持实事求是原则。实事求是、一切从实际出发,这是总结写作的基本原则,选择性地加工、报喜不报忧的做法是错误的。二要注意共性、把握个性。法治工作总结要有独特的视角、新颖的发现、深层次的思考。三要详略得当、重点突出。法治工作总结的选材不能求全贪多、面面俱到,而要根据实际情况和总结的目的,把那些既能显示本单位、本部门特点,又有一定普遍性的材料作为重点选用,写得详细、具体,一般性的材料可以略写或舍弃,然后在此基础上进行总结和分析。

交通法治工作总结的标题有多种形式,最常见的是由单位名称、时间、主要内容、文种组成,如《××单位2021年法治工作总结》等。有的总结标题只是内容的概括,并不标明"总结"字样,但一看内容就知道是总结,如《一年来的公路交通法治工作及下一步工作打算》等。还有的总结有副标题,正标题点明文章的主旨或重心,副标题具体说明文章的内容和文种,如《构建依法治路新机制——××单位法治工作的实践与总结》。

　　和其他应用文体一样,公路交通法治工作总结的正文也分为开头、主体、结尾三部分,各部分均有其特定的内容。总结的开头主要用来概述基本情况。包括工作性质、主要任务、时代背景、指导思想,以及总结目的、主要内容提示等。主体则是总结的主要部分,内容包括成绩和做法、经验和教训、今后打算等。这部分篇幅大、内容多,要特别注意层次分明、条理清楚。结尾应在总结经验教训的基础上,提出今后的方向、任务和措施,表明决心、展望前景,并与开头相照应。有些总结在主体部分已将这些内容表达过了,就不必再写结尾。

三、公路交通法治工作总结范本

××单位2021年度法治工作总结

　　2021年,我单位在上级正确领导下,坚持以习近平新时代中国特色社会主义思想为指导,坚决贯彻执行有关法律法规和国家政策,不断健全组织机构、完善工作机制,创造性地开展公路交通法治工作,为依法治路提供了有力保障。

　　一、覆盖全市公路系统的法治工作网络全面建立

　　高度重视公路交通法治工作,成立了公路交通法治工作领导小组,由××分管,归口在××科,并将法律专业人员充实到交通法治工作岗位。各基层单位也都相应成立了公路交通法治工作领导机构,明确了分管领导,确定了归口管理科室,配备了必要的工作人员,从而建立了责任明确、覆盖全系统的法治工作网络,切实加强了对公路交通法治工作的领导,有力地规范和保障了公路依法行政工作的开展。

　　二、认真组织实施五年法治工作规划和年度工作计划

　　根据上级总体工作部署,结合我市公路交通工作实际,科学制订并认真组织实施《五年法治工作规划》和年度法治工作计划,深入开展公路交通法治宣传教育,提高依法治路水平。以"学法律、讲权利、讲义务、讲责任"为主题,积极宣传公路法规,将法治宣传和法治实践结合起来,推动依法治理工作,推进法治公路建设。定期开展公路法律法规和相关法律知识培训,在法律、法规、规章以及国家政策、上级规范性文件等贯彻实施过程中充分发挥组织协调和监督职能,确保各项制度在本单位得到落实。在规章制度、合同的起草和管理中加强法律审查把关,有效防范各类法律风险,并采取有效措施,妥善应对行政复议和各类诉讼案件。根据工作需要,研究制定了一系列重要规章制度,为依法治路提供了必要保障。

三、采取多种有效形式扎实开展法治宣传和培训

充分利用各类媒体广泛开展公路法律法规宣传,为《公路法》等法律法规的贯彻实施营造有利的社会环境。今年,全市公路系统累计进行广播电视宣传20余次,在报纸、期刊上发表普法宣传和理论研讨稿件近50篇,出动宣传车60余台次,散发宣传材料数万份,营造了多层次、立体化的宣传格局,收到了良好的宣传效果。针对辖区内大企业运输车辆逐年增多的情况,精心组织了"路企共建"活动,在重点企业内掀起了公路法规习热潮,有效地规范了公路运行秩序;与××县团委共同组织了声势浩大的"送法下乡"活动,极大地增强了公路沿线居民和集市贸易经营业户爱路护路、依法用路的自觉性;针对穿村路段治理难点,与沿线乡镇开展了"路镇共建"活动,打造了一处处路域环境综合治理的亮点;深入公路沿线村居和企业,对广大驾乘人员、沿线居民和生产经营单位进行普法宣传,赢得了广大沿线群众的广泛理解和支持。

在搞好对外宣传的同时,全系统干部职工争相带头学习相关法律法规。各单位结合各自实际情况制订了本单位的学习培训计划,充分利用每周的集中学习日和业余时间,把集中学习和个人自学结合起来,取得良好成效。按照建立学习型组织的要求,购置了《公路法全书》《中华人民共和国法律法规汇编》《法律知识读本》等学习资料,建立了法规资料库,方便广大干部职工积极开展自学。

四、严格交通法治监督,杜绝行政违法、民事败诉案件

法治工作机构在法治公路建设中充分发挥组织协调和法治监督职能,取得明显成效。一是领导干部带头学法、交通法治工作人员带头学法,极大提高了大家联系实际学法、用法的自觉性和主动性,切实做到了心中有法,依法办事。二是邀请市纪委的领导和专家通过以案说法的方式,教育广大

干部职工守法、廉政，引导大家将理论学习转化为自觉行为。三是鼓励职工在工作之余积极充电，参加在职法律函授教育等多种形式的继续教育，法律观念、履职能力和服务水平得到迅速提高。四是严格合同管理，杜绝因合同签订不规范引起的各类法律纠纷。五是引入"望闻问切"机制狠抓廉政建设："望"即强化对职业操守、依法行政等方面的监督；"闻"即领导定期听取职工的工作、思想汇报，及时掌握大家的思想动态；"问"即主动关心职工在工作、生活中遇到的困难并帮助解决，为廉政建设营造良好氛围；"切"即找准切入点，采取必要措施，落实党风廉政建设责任制，加强党纪党风教育。随着法治监督的不断加强，本年度全市公路系统没有发生一起行政违法和民事败诉案件。

五、公路交通法治工作"四化"管理取得明显成效

按照推进公路交通四化管理的要求，集思广益、不断创新，扎实开展公路交通法治工作的标准化、规范化、集约化、人本化建设，取得明显成效。在创建文明行业竞赛活动中，将交通法治工作单列为一项进行考核评比，并制定了《交通法治工作先进单位评比办法》，从目标管理、组织机构、制度建设、交通法治监督、普法宣传、交通法治培训、复议应诉、法律服务、档案管理、工作创新、其他工作等方面对全市公路系统的法治工作进行量化考核和评比，为法治工作实现标准化奠定了基础，也使公路交通法治工作得到全系统广大干部职工的应有重视，交通法治工作水平得到显著提升。进一步优化公路交通法治工作资源配置，优化工作流程，形成集约效益。在人本化建设方面，始终把"服务"放在首位：一是服务于公路使用者，向他们宣传和提供公路交通法治信息，耐心、细致、准确地解答群众提出的各种涉路法律问题，使之了解公路交通法治，支持公路交通法治，参与公路交通法治；二是服务于公路行业自身，解答其他部门和广大公路干部职工的法律咨询，采取有效措施，科学防范日常工作和生活中可能存在的法律风险，有效堵塞工作中的法律漏洞；三是不断提高工作效率和服务水平。

下一步，我单位将继续贯彻习近平法治思想，紧紧围绕公路交通工作中心，服务公路交通工作大局，以宪法和法律为依据，认真开展依法行政、法治宣传教育、法治监督、法务管理等各项工作，进一步推进公路交通工作法治

化,为公路交通事业又好又快发展提供坚实的法治保障。

××××年××月××日

第四章

公路交通法治宣传教育

本章主要阐述了法治宣传教育的重要意义,对多年来的全民普法工作进行了简单回顾,介绍了《中央宣传部、司法部关于开展法治宣传教育的第八个五年规划》(简称《"八五"普法规划》)和《全国交通运输系统法治宣传教育第八个五年规划》,并就公路交通法治宣传教育工作的基本要求,以及如何创造性地开展公路交通法治宣传教育工作进行了探讨。

第一节　法治宣传教育概述

法治宣传教育是提高全民法律素质、推进依法治国基本方略实施、建设社会主义法治国家的一项基础性工作。而且,全民普法是全面依法治国的长期基础性工作。深入开展法治宣传教育,是进一步提升公民法治素养,推动全社会尊法、学法、守法、用法的重要举措,也是构建法治社会的重要途径。

一、法治宣传教育的重要意义

习近平总书记指出:"我们要通过不懈努力,在全社会牢固树立宪法和法律的权威,让广大人民群众充分相信法律、自觉运用法律,使广大人民群众认识到宪法不仅是全体公民必须遵循的行为规范,而且是保障公民权利的法律武器。"①要坚持法制教育与法治实践相结合,广泛开展依法治理活动,提高社会管理法治化水平。法治宣传教育的重要意义有:

第一,开展法治宣传教育,是保障和促进经济社会发展和实施"十四五"规划的内在要求。以经济建设为中心,推动经济发展和社会进步,需要完备的法治来保障。"十四五"规划主要阐明国家战略意图,明确政府工作重点,引导规范市场主体行为,是我国开启全面建设社会主义现代化国家新征程的宏伟蓝图,是全国各族人民共同的行动纲领。《"八五"普法规划》把深入开展法治宣传教育,实施"八五"普法规划纳入其中。深入开展法治宣传教育,努力提高全体公民特别是各级领导干部的法律素质,对于营造良好的法治环境,保障和促进经济社会全面协调可持续发展;对于依法解决经济社会发展中的各类矛盾和问题,最大程度地实现好、维护好、发展好人民群众的根本利益,具有重要意义。

第二,开展法治宣传教育,是构建社会主义法治社会的重要保障。当前,我国正处于改革发展的关键时期,这一时期,既是经济社会发展的重要战略机遇期,也是人民内部矛盾表现多样、利益关系复杂的时期。构建法治社会一个很重要的内容就是要依法妥善处理好各种利益关系。良好的法律素质,正确的法治观念,对于解决各类矛盾纠纷,保证社会有序运转具有重要意义。只有不断增强公民和国家机关工作人员的法治观念和法律素质,才能提高各级政府和部门运用法律手段处理问题、解决矛盾的能力,才能提高公民通过法定程序表达利益诉求、维护自身合法权益的能力,才能不断提高全社会法治化管理水平,为实现社会和谐、维护社会稳定提供强有力的法治保障。

第三,开展法治宣传教育,是实施依法治国基本方略的基础性工作。依法治国是党领导人民治理国家的基本方略。开展法治宣传教育,提高全体公民的法律意识和法治观念,增强各级政府和社会组织依法办事的自觉性,是实施依法治国基本方略的重要基础。在法治宣传教育基础上开展的依法治理,是亿万人民群众在党的领导下,依照宪法和法律管理公共事务、经济

---

① 2012年12月4日,习近平在首都各届纪念现行宪法公布施行30周年大会上的讲话.新华网.2018-12-04.

事务和社会事务的创造性法治实践活动,是坚持党的领导、人民当家作主和依法治国的有机结合。是依法治国的生动实践。因此,要继续深入开展法治宣传教育,大力推进依法治理工作,夯实建设社会主义法治国家的基础。

第四,开展法治宣传教育,是社会主义精神文明建设的重要任务。社会主义精神文明是社会主义的重要特征。加强法治宣传教育,努力营造法治文明,是社会主义精神文明建设的重要内容,也是推进社会主义精神文明建设的有效途径。在当前各种思想文化相互影响、思想观念日趋多样、人们的道德价值观念日趋多元的情况下,必须大力加强社会主义精神文明建设,必须深入持久地开展法治宣传教育,把社会主义的价值信念、行为准则和道德良知渗透到法律规范中去,巩固马克思主义在意识形态领域的指导地位,提高全民族的道德水准和全社会的文明程度。

二、法治宣传教育回顾

我国的全民普法伴随着改革开放的步伐,伴随着社会主义民主与社会主义法治建设的进程,已经实施了多年。普法工作从人们的法律知识启蒙教育开始起步,有力地配合了党和国家在各领域的工作,促进了社会法治秩序的恢复;通过宪法和法律的持续深入宣传和教育,提高了各级领导干部和国家公职人员的法律意识和法律素质,促进了依法行政和全社会法治化管理水平的提高;通过以人为本,提高全体公民的法律素养,增强依法维权、依法办事的能力;在推进依法治国方略的实施过程中,开展依法治理三大工程,有力推动了社会主义基层民主政治建设,营造了良好的经济和社会发展环境,促进了社会主义社会的全面进步。

自1985年开始实施的第一个五年普法,是继党的十一届三中全会拨乱反正、确定以经济建设为中心的发展战略后,所实施的全民法治宣传教育活动。1985年11月,党中央、国务院批转了中宣部、司法部《关于向全体公民基本普及法律常识的五年规划》。全国人大常委会也随之做出《关于在公民中基本普及法律常识的决议》。自此,由各级党委、政府组织开展的全民法治宣传教育活动,有领导、有计划、多举措、全方位地在全社会开展起来。自

1986 年以来,我国已连续实施完成了七个五年普法规划,取得了重要成果,全社会法治观念明显增强,社会治理法治化水平明显提高。全民普法是社会主义法治史上的大事,它把社会主义法治观念送到了人民群众当中。2021 年 6 月,党中央、国务院转发了《中央宣传部、司法部关于开展法治宣传教育的第八个五年规划(2021—2025 年)》,标志着法治宣传教育工作开始进入一个新的发展时期。

第二节 "八五"普法规划

2021 年 6 月,中共中央、国务院转发《中央宣传部、司法部关于开展法治宣传教育的第八个五年规划(2021—2025 年)》(简称"八五"普法规划),决定在全国范围实施"八五"普法。"八五"普法是公路交通法治工作的一项重要内容,这里对"八五"普法规划简要做一介绍。

一、指导思想

坚持以马克思列宁主义、毛泽东思想、邓小平理论、"三个代表"重要思想、科学发展观、习近平新时代中国特色社会主义思想为指导,全面贯彻党的十九大和十九届二中、三中、四中、五中全会精神,深入贯彻习近平法治思想,增强"四个意识"、坚定"四个自信"、做到"两个维护",坚定不移走中国特色社会主义法治道路,紧紧围绕服务"十四五"时期经济社会发展,以使法治成为社会共识和基本准则为目标,以持续提升公民法治素养为重点,以提高普法针对性和实效性为工作着力点,完善和落实"谁执法谁普法"等普法责任制,促进提高社会文明程度,为全面建设社会主义现代化国家营造良好法治环境。

二、主要目标

到 2025 年,公民法治素养和社会治理法治化水平显著提升,全民普法工作体系更加健全。公民对法律法规的知晓度、法治精神的认同度、法治实践的参与度显著提高，全社会尊法学法守法用法的自觉性和主动性显著增强。多层次多领域依法治理深入推进，全社会办事依法、遇事找法、解决问题用法、化解矛盾靠法的法治环境显著改善。全民普法制度完备、实施精准、评价科学、责任落实的工作体系基本形成。

三、工作原则

第一，坚持党的全面领导。把党的领导贯彻到全民普法全过程各方面，始终坚持正确政治方向。

第二，坚持以人民为中心。树立以人民为中心的普法理念和工作导向，做到普法为了人民、依靠人民、服务人民，依法保障人民权益，促进人民高品质生活，夯实全面依法治国的社会基础。坚持服务大局。

第三，紧紧围绕党和国家中心工作，有针对性地组织开展普法，促进依法维护社会公平正义，促进在法治轨道上推进国家治理体系和治理能力现代化。坚持与法治实践深度融合。

第四，坚持全民普法。与科学立法、严格执法、公正司法一体推进，坚持依法治国与以德治国相结合，弘扬社会主义核心价值观，把普法融入法治实践、融入基层治理、融入日常生活，融入全面依法治国全过程。

四、重点内容

第八个五年法治宣传教育的普法重点内容：突出学习宣传习近平法治思想，突出宣传宪法，突出宣传民法典，深入宣传与推动高质量发展密切相关的法律法规，深入宣传与社会治理现代化密切相关的法律法规，深入宣传党内法规。

五、具体做法与要求

第一，持续提升公民法治素养。要加强教育引导，推动实践养成，完善制度保障。

第二,加强社会主义法治文化建设。要推进法治文化阵地建设,繁荣发展社会主义法治文艺,推动中华优秀传统法律文化创造性转化、创新性发展,加强红色法治文化保护、宣传、传承,加强法治文化国际传播和国际交流。

第三,推进普法与依法治理有机融合。加强基层依法治理,深化行业依法治理,开展专项依法治理。

第四,着力提高普法针对性实效性。在立法、执法、司法过程中开展实时普法,充分运用社会力量开展公益普法,充分运用新技术新媒体开展精准普法。

第五,加强组织实施。加强组织领导,加强制度建设,全面落实普法责任制,强化基层基础工作,加强评估检查。

第三节　交通运输系统"八五"普法规划

为了进一步贯彻落实依法治国基本方略,继续深入开展交通运输法治宣传教育,保障《中央宣传部、司法部关于开展法治宣传教育的第八个五年规划》在全国交通运输系统顺利实施,交通运输部于2021年8月9日印发《全国交通运输系统法治宣传教育第八个五年规划(2021—2025年)》,在全国交通运输系统实施交通法治宣传教育第八个五年规划。

一、总体要求和目标

坚持以习近平新时代中国特色社会主义思想为指导,全面贯彻党的十九大和十九届二中、三中、四中、五中全会精神,深入贯彻习近平法治思想,以建设人民满意交通为目标,聚焦加快建设交通强国重点任务,以持续提升交通运输系统干部职工及行业从业人员的法治素养为主线,以持续提高交通运输执法人员能力素养为重点,以增强交通运输系统普法针对性和实效性为工作着力点,完善和落实"谁执法谁普法"等普法责任制,深入推进交通运输法治政府部门建设,为"十四五"时期交通运输改革发展营造良好法治环境,为加快建设交通强国提供坚实法治保障。

到2025年,交通运输普法依法治理水平显著提升,普法工作体系更加健全。交通运输领域干部职工和行业从业人员对法律法规的知晓度、法治精神的认同度、法治实践的参与度显著提高,尊法、学法、守法、用法的自觉性和主动性显著增强。交通运输依法治理深入推进,办事依法、遇事找法、解决问题用法、化解矛盾靠法的法治环境显著改善。交通运输普法制度完备、实施精准、评价科学、责任落实的工作体系基本形成。

二、重点任务

(一)突出学习宣传习近平法治思想

习近平法治思想是顺应实现中华民族伟大复兴时代要求应运而生的重大理论创新成果,是马克思主义法治理论中国化最新成果,是习近平新时代中国特色社会主义思想的重要组成部分,是全面依法治国的根本遵循和行动指南。必须用习近平法治思想武装头脑、指导实践,推动普法工作守正创新、提质增效、全面发展。把学习宣传习近平法治思想作为交通运输行业普法的首要政治任务,深入学习宣传习近平法治思想的重大意义、丰富内涵、精神实质和实践要求。把习近平法治思想作为交通运输系统党委(党组)理论学习中心组学习的重点内容,列入党校重点课程,推动领导干部带头学习、模范践行。把习近平法治思想融入学习教育培训主要内容,通过多种形式,运用各类媒体和平台,发挥好各类基层普法阵地作用,推动习近平法治思想入脑入心、走深走实。

(二)深入学习宣传宪法

深入持久开展宪法宣传教育活动,阐释好"中国之治"的制度基础,阐释好新时代依宪治国、依宪执政的内涵和意义,阐释好宪法精神。全面落实宪法宣誓制度。结合"12·4"国家宪法日,开展"宪法宣传周"宣传活动。加强国旗法、国歌法等宪法相关法的学习宣传,强化国家认同。以现行宪法颁布实施 40 周年为契机,加大宪法学习宣传教育力度。

(三)深入学习宣传民法典

深入学习宣传习近平总书记关于民法典的重要指示精神,广泛开展民法典普法工作,阐释好民法典中国特色社会主义的特质,阐释好民法典中的基本原则、基本要求和一系列新规定新概念新精神。推动交通运输管理部门带头学习宣传民法典,推动领导干部做学习、遵守、维护民法典的表率,提高运用民法典维护人民权益、化解矛盾、促进社会和谐稳定的能力和水平。以"美好生活·民法典相伴"为主题,组织开展民法典专项宣传活动,让民法典走到群众身边、走进群众心里。

(四)深入学习宣传应知应会的国家基本法律

继续把宣传中国特色社会主义法律体系作为普法基本任务,大力宣传与交通运输行业密切相关的国家基本法律,强化"十四五"期间制定和修改的法律法规宣传教育。进一步强化对行政处罚法、行政强制法、行政许可法、行政复议法、行政诉讼法等常用行政法律法规的学习宣传,推动交通运输管理部门和工作人员牢固树立"法定职责必须为、法无授权不可为"意识,提高依法行政水平。大力宣传有关平等保护、公平竞争、激发交通运输行业市场主体活力和防范风险的法律法规,推动建设交通运输市场化法治化国际化的营商环境。大力学习宣传贯彻长江保护法、野生动物保护法等法律法规。大力宣传总体国家安全观和国家安全法、反分裂国家法、反外国制裁法、数据安全法、国防法、反恐怖主义法、国境卫生检疫法、安全生产法、突发事件应对法等与交通运输安全生产密切相关的法律法规,组织开展"4·15"全民国家安全教育日普法宣传活动,推动交通运输行业增强国家安全意识和风险防控能力。

(五)深入学习宣传交通运输行业法律法规

深入组织开展"服务大局普法行"主题实践活动,持续加强交通运输规划、建设、管理、运营、安全生产、公共服务等方面法律法规的学习宣传。认真学习宣传铁路、公路、水路、民航、邮政领域的行业法律法规,特别是将海上交通安全法等新制定或修改的法律法规列入年度普法工作重点大力加强宣传贯彻,提高交通运输系统干部职工依法行政、依法治理的能力,积极引导广大行业参与者自觉遵守行业法律法规。

(六)深入学习宣传党内法规

突出学习宣传党章,教育交通运输系统广大党员以党章为根本遵循,尊崇党章、遵守党章、贯彻党章、维护党章。把学习掌握党内法规作为合格党员的基本要求,列入交通运输系统党组织"三会一课"内容,促进党内法规学习宣传常态化、制度化。以党章、准则、条例等为重点,深入学习党内法规,注重党内法规宣传同国家法律宣传的协调,将党内法规学习与党风廉政建设、党的优良传统教育、反腐倡廉教育、理想信念教育相结合,坚持纪在法前、纪严于法,始终把纪律和规矩挺在前面,教育引导交通运输系统党员干部做党章党规党纪和国家法律的自觉尊崇者、模范遵守者和坚定捍卫者。

三、主要对象

(一)加强交通运输系统领导干部的法治宣传教育

重点抓好"关键少数",提高交通运输系统各级党政主要负责人履行推进法治建设第一责任人职责,认真履行普法领导责任,把法治宣传教育工作纳入交通运输法治政府部门建设总体部署,纳入相关考核评价内容,定期听取汇报、研究解决重大问题。把法治素养和依法履职情况纳入考核评价干部的重要内容,在同等条件下,优先提拔使用法治素养好、依法办事能力强的干部。健全完善交通运输系统领导干部学法制度,建立领导干部应知应会法律法规清单制度,分级分类明确领导干部履职应当学习掌握的法律法规和党内法规,完善配套制度。落实领导干部年度述法制度,教育引导领导干部自觉坚持党的全面领导、依法治国和人民当家做主的有机统一,做尊法学法守法用法的模范。

(二)加强交通运输系统国家工作人员的法治宣传教育

教育引导各级交通运输系统国家工作人员牢固树立宪法法律至上、法律面前人人平等、权由法定、权依法使等基本法治观念。加大对各级交通运输系统国家工作人员的法治培训力度,把法治教育纳入公务员入职培训、晋职培训和业务培训的必训内容。完善法治学习培训制度,定期举办法律知识和新颁布法律法规的培训班。加强督促考核,将学法守法用法情况作为各级交通运输系统国家工作人员年度考核的重要内容,推动经常性学法不断深入。

(三)加强交通运输系统行政执法人员的法治宣传教育

以深化"四基四化"建设为载体,加强基层基础基本功建设。适应交通运输综合行政执法改革的形势和需要,组织实施《交通运输综合行政执法队伍素质提升三年行动方案(2021—2023年)》,组织开展交通运输系统行政执法人员通用法律知识、专门法律知识的法治培训,特别是加强基层执法人员素质能力建设、基层执法场所建设,培树执法为民理念,着力提升一线执法人员基本功。坚持严格规范公正文明执法,落实行政执法"三项制度",提高行政执法水平。按照培训规划、培训大纲和培训教材完成行政执法人员培训学时任务,确保行政执法人员熟练掌握和运用行政执法相关法律,不断提升执法能力,切实规范执法行为。

(四)加强交通运输行业从业人员和服务对象的法治宣传教育

制定并落实交通运输行业普法责任清单,建立健全对守法行为的正向激励和对违法行为的惩戒制度,健全信用惩戒和信用修复机制。把执法过程和矛盾纠纷化解过程变成提升当事人法治素养的过程,引导当事人依法理性维权,增强公共意识、义务意识和责任意识,让人民群众感受到正义可期待、权利有保障、义务须履行,引导树立权利与义务、个人自由与社会责任相统一的观念,在交通运输行业形成守法光荣、违法可耻的良好风尚。把提升交通运输行业从业人员和服务对象法治素养的基本要求融入行业规约、团体章程等社会规范,融入精神文明创建、法治示范单位创建活动。

(五)加强交通运输系统院校师生的法治宣传教育

把法治作为交通运输系统院校治理的基本理念,全面推进依法治教、依法办学、依法治校,全面落实《青少年法治教育大纲》,教育引导交通运输系统院校学生养成尊法学法守法用法习惯,引导院校师生增强法治观念、提升法治素养。加强交通运输系统院校法治教育师资培养。把宪法纳入院校教育课程,组织学生开展举办"学宪法讲宪法"、国家宪法日"宪法晨读"系列活动,在青少年成人礼中设置礼敬宪法环节。健全师生参与法治实践机制,推广法治实践教学和案例教学。加强校园法治文化建设,推进院校法治教育实践基地建设。

四、工作要求

(一)加强组织领导

各级交通运输管理部门要更加注重系统观念、法治思维,把推进交通运输普法和守法摆上重要工作日程,把法治宣传教育纳入交通运输发展规划和年度重点工作,为深入推进交通运输法治政府部门建设、加快建设交通强国提供有力法治保障。进一步加强组织领导,完善健全机制,明确各方责任,交通运输系统各单位主要负责人要切实履行推进法治建设第一责任人的职责,及时研究解决工作中的重大问题,切实加强对法治宣传教育的领导。

(二)完善制度建设

完善交通运输行业法律顾问、公职律师、公司律师制度,充分发挥专业法律人才在普法中的作用。健全完善交通运输法治宣传教育体制,形成大普法工作格局。严格落实"谁管理谁普法""谁服务谁普法""谁执法谁普法"普法责任制,完善普法责任清单制度,细化普法内容、措施标准和责任。全面推行"谁执法谁普法"责任单位年度履职报告评议制度,提高评议质量。落实以案释法制度和典型案例发布制度,以典型案例促知法用法。

(三)落实经费保障

各级交通运输管理部门要把法治宣传教育工作经费纳入本级财政预算,按规定列入政府购买服务指导性目录,加强规范和管理,确保交通运输法治宣传教育工作全面有效开展。从人员配备数量、经费、装备等方面加大投入力度,切实向一线倾斜、向基层下沉。

(四)丰富内容方式

各级交通运输管理部门要构建交通运输普法宣传产品供给新模式,提高普法精确性,打造普法精品内容。探索和推行法治宣传教育的新思路、新手段、新方法,在法律法规规章制定、修订等立法过程中,通过公开征求意见、听证会等形式,加强宣贯工作,解读法律内涵,扩大社会参与。在执法过程中加强普法宣传,推行说理式执法,实现执法办案的全员普法、全程普法。在行政复议、信访举报投诉等纠纷解决过程中,做好释法析理工作,引导当事人理性依法维权、充分表达诉求,提高普法宣传的针对性和有效性。推进行业新媒体普法平台建设,利用交通运输法规查询系统、交通运输行政执法综合管理信息系统等进行普法宣传,增强参与者的体验感和获得感。加强交通运输行业法治文化阵地建设,扩大覆盖面、提高使用率,推动法治文化与交通运输行业文化融合发展。

(五)强化指导检查

各级交通运输管理部门要加强普法日常指导工作,结合不同地区、不同对象的法律需求,区别对待、分类指导,及时发现、总结、推广经验,推动制度创新。按要求认真开展评估和总结验收工作,加强检查结果运用,按规定表彰和奖励交通运输系统法治宣传教育工作先进集体、先进个人和依法治理创建活动先进单位。注重清单化管理、项目化推进、责任化落实,防止形式主义、官僚主义,确保交通运输普法工作有声有色、有力有效开展。

第四节　公路交通法治培训

对广大公路交通干部职工进行法治培训是法治宣传教育工作中的重要内容。各级公路管理机构要高度重视法治培训工作,切实加强对法治培训工作的领导,确保"八五"普法规划落到实处。各级领导干部和公路交通法治工作者要带头学习法律知识,努力提高交通法治观念,不断增强依法治路的能力和水平。要通过交通法治培训,不断提高干部职工的法律素养,做到依法行政、依法管理,不断提高工作效率和服务水平。要进一步完善公路交通法治培训制度体系,促进公路交通法治培训工作的制度化和规范化,为实现公路交通事业的科学发展提供有力的法治保障。

一、公路交通法治培训工作的基市要求

（一）理念要现代化

公路交通法治培训要坚持以习近平新时代中国特色社会主义思想为指导，深入学习贯彻习近平法治思想，紧紧围绕公路交通工作中心和大局，进一步认识法治培训在公路交通整体工作中的地位和作用，加大现代法治理念的宣传力度，扩展公路交通法治培训的视角，使公路交通法治培训的宣传教育功能与时代同步，与公路事业的发展同行。

（二）机制要规范化

要认真贯彻落实好"八五"普法规划，健全机制。公路交通法治培训工作是一项长期的战略性任务，应当建立健全培训工作机制。要形成主要领导负总责，分管领导靠上抓，法治机构铺开干，干部职工全参与的普法工作格局。各级公路管理机构应按照"八五"普法规划的要求，有效解决法治培训工作所需经费，以保证工作有效进行，同时还要加强对经费的拨付和使用情况的监督。

（三）形式要多样化

信息时代，公路交通法治培训必须立体渗透、全方位实施，努力创新手段，创造亮点。通过上法治课、举办法治讲座、制作法治宣传片等方法，以及利用电视、报纸、网络等现代化宣传媒体，广泛拓展公路交通法治培训平台。要结合《公路法》等法律法规的贯彻实施，做好重点内容的深入学习，要面向广大公路交通干部职工，以喜闻乐见的形式有效开展法治教育。

（四）评估要体系化

可以在法治工作考核目标体系、考核标准中，将法治培训列为一项重要内容，为推动法治宣传教育工作深入开展提供依据，结合公路职工的法律素质、公路的法治化管理成效、法治培训工作的开展情况，提出切实可行的考评指标。公路交通法治机构要善于做好宏观指导、策划、协调等工作，充分发挥其在法治培训工作中的组织、协调、指导、检查、监督的职能作用，调动

广大干部职工的积极性。

二、创造性地开展公路交通法治培训工作

公路交通法治培训只有紧紧围绕公路交通工作大局,贴近广大公路干部职工的工作、生活实际,才会吸引大家积极参与,才会有旺盛的生命力。公路交通法治培训要着眼于公路交通事业改革发展稳定的大局,致力于为公路交通事业发展营造良好的法治环境;通过培训和学习,提高干部职工依法治路的能力,提高依法维权的意识,提高依法办事的水平;通过普法,依法解决工作中的难点热点问题,规范公路运行秩序,促进经济和社会发展。

公路交通法治培训只有坚持突出重点,抓住主要环节,发挥典型示范的作用,才能实现高效化,不断推动依法治路的进程。多年来,各级公路管理机构采取循序渐进的方式,合理确定各个时期的普法重点对象,根据他们生活和工作的现实需要各有侧重点地开展法治培训,使其法律意识显著增强;抓住依法治路这个主要环节,努力提高广大公路交通系统干部职工的法律素质和公路管理、执法水平,公路管理的法治化程度明显提高;许多典型事例在依法治路的实践中涌现,创造出各具特色的经验,对公路系统的法治实践发挥了重要的示范作用。

公路交通法治培训只有坚持宣传教育与法治公路建设实践相结合,全面推进依法治理,依靠法律手段管理公路交通领域的各项工作,才能伴随着公路交通事业的发展而发展。法治培训作为依法治路的一个重要环节,只有与公路交通工作的其他环节紧密结合,才能真正发挥作用。法治培训工作要注重与其他工作之间的协调,并根据公路交通工作的客观需要,把工作重心放在基层,同时加强对基层的工作指导,使法治培训工作能够抓出成效。公路交通领域的普法实践证明,学法与用法结合,普法与治理并举,既是普法、法治培训的有效途径,也是普法、法治培训工作能够持久有效开展的关键所在。

公路交通法治培训只有不断加强标准化、规范化、集约化和人本化建设,才能形成高效的工作机制,才能更为有序地推进。要在实践中不断地摸

索总结,把行之有效的做法,用标准、规范的形式体现出来,实现工作的持之以恒、健康有序、富有成效;要注意协调各方,整合公路交通法治宣传教育资源,汇聚各方力量,使整个普法、培训工作集约、高效;要坚持以人为本,着眼于为构建和谐社会奠定法治基础,努力拓展公路交通法治培训工作的领域和范围,提高工作层次,为公路交通事业发展服务,为广大干部职工和群众服务。

要从保障和促进公路交通事业又好又快发展的高度,充分认识加强公路交通法治培训工作的重大意义,结合构建"文明公路""法治公路"的目标,认真研究普法依法治理工作实践中的新问题,开拓新思路,提出新方法,改进和创新工作观念、工作措施、工作部署和工作方式,切实增强做好法治宣传教育工作的责任感和使命感,扎扎实实地做好普法、培训工作,使公路交通法治宣传教育工作不断焕发出勃勃的生机。

第五章 公路管理制度建设

公路交通工作中的制度指的是由公路管理法律、法规、规章、规范性文件、技术标准、操作规程、管理制度等构成的一个庞大的制度体系。公路交通法治工作者应当充分发挥岗位和专业优势，积极参与制度建设，确保各项制度规范得到贯彻执行，并根据公路交通事业的发展及时清理、完善公路管理制度体系。

第一节　公路管理制度建设概述

俗话说："没有规矩，不成方圆"，规是画圆的工具，矩是画方的工具，这句话的意思就是，没有规和矩，就很难画好方和圆，要想画出规范、合适的方和圆，就要借助矩和规。同样，对公路管理机构来说，要想顺利地开展各项工作，必须有相应的制度框架给予规范和支持。公路管理制度就如同规和矩，其重要性不言而喻。积极参与制度建设，是公路交通法治机构及其工作人员的重要职责之一。

一、公路管理制度

制度的含义是指要求一定范围的人们共同遵守的、按一定程序办事的规程。在任何一个社会形态中，任何个人、单位，乃至国家或国际组织，都处在特定的制度体系中，受制度的约束，在制度的规范下行事。制度，大可以到国际条约、国内法律法规，中可以到行政机关、企事业单位的制度、规范；

小可以到人与人日常行为中产生的民事合同关系,成为人们所共同遵守的规程或行为准则。

公路管理制度是规范、协调公路管理工作关系的工具,具体说来,它是由公路管理法律、法规、规章、规范性文件、技术标准、操作规程、管理制度等构成的一个庞大的制度体系。

公路管理制度的特点有以下几个:

(1)权威性,即由国家立法机关、各级政府、交通运输主管部门、公路管理机构等主体在各自权限范围内依法制定,在一定范围内具有约束力。

(2)系统性,即由一套系统、科学、严密、规范的管理制度组成的体系。

(3)科学性,公路管理制度的出台都要经过调查研究、征求意见、讨论、审议等程序,力求符合公路交通事业的发展规律。

(4)无差别性,即受公路管理制度调整范围内的人和事,都应一视同仁,切实做到用制度管事、用制度管权、用制度管人。

(5)借助强制力,公路管理制度的实施或以国家强制力为后盾(如法律),或以行政权力为后盾(如上级规范性文件)。

(6)稳定性,公路管理制度出台后在一定时期、一定范围内持续生效,尽量避免朝令夕改。

二、公路工作的制度化

公路工作的制度化是指用健全的制度体系来约束人们的行为,规范公路交通领域的工作流程,并在合理的限度内保持公路管理制度的稳定性,做到制度的执行不以个人意志为转移,实现用制度管事、用制度管权、用制度管人。

公路交通工作的制度化需要具备以下基本要素:

(1)在干部职工队伍中确立共同的价值观念,通过宣传教育和沟通,使广大干部职工树立一致的价值取向,加强个人对单位及公路交通事业的认同,增强凝聚力。

(2)制定和执行公路管理制度规范,根据共同的价值观需要建立和完善公路管理制度体系,并把相关主体的行为纳入处于公路管理制度规范下的行为模式之中,使各项制度得到切实执行。

(3)建立健全相应的工作机构,使公路管理制度规范的实施有组织保障。

为了进一步加深对公路交通工作制度化的理解,有必要对其与四化管理中规范化之间的关系做一阐释。规范化管理最终要落到制度层面,通过规章制度来实施,二者具有相辅相成的关系。制度化管理需要达到规范化要求,规范化管理需要制度化做基础。制度化使公路管理机构的各项管理制度完备、规范、统一,有助于规范、协调人们的行为,加强集体的内聚力,对公路交通工作起控制作用。

所以,科学、合理的公路管理制度具有调整秩序功能、控制行为功能和强化组织功能,能够有效推进公路交通工作的规范化。但是,僵化、保守,甚至违法的规章制度,则可能使公路交通工作止步不前,甚至多走弯路,影响到公路交通工作目标的实现。

公路交通工作的制度化具有如下重要意义:

(1)有利于公路交通事业运行的标准化和规范化。"一切按制度办事"是制度化管理的根本宗旨,通过各种制度来规范公路管理行为,根据制度规定而不是个人意志来处理公路交通领域的工作和各种事务,使公路交通事业的运行逐步趋于规范化和标准化。

(2)有利于公路交通事业运行的集约化和人本化。建立并执行一套科学、完善的制度体系,有利于整合各类工作资源,提高工作效率和服务水平,实现集约化和人本化管理的目标。

(3)制度化管理可在很大程度上减少决策失误。制度化管理排斥没有依据的不科学决策,使决策程序化、透明化,并且决策的结果还要经受实践的检验,从而据以落实相应的责任制度,进而可以避免今后的决策失误。

(4)制度化管理是加强廉政建设的最有效的措施之一。腐败产生的根源之一在于权力缺乏监控和约束。制度使各项工作保持程序化和透明化,使滋生腐败的可能性减小;另外,制度中对腐败行为有相应的处罚措施,也使腐败的成本增大,能够从源头上预防腐败行为发生。

第二节　公路管理制度的制定

公路管理制度的制定,即制度的建立、健全是制度化管理的基础。从公路管理机构各部门的运转和管理到各项具体工作的开展,都需要建立一系列的规章制度,大到法律法规,小到职工的行为规范等。如果制度缺失,管理难度就会加大,导致议事没有规则、办事缺乏依据。因此,要随着公路交通事业的发展不断地建立健全公路管理制度。这里只探讨一下公路管理机构内部管理制度的制定。

一、制定管理制度的基本要求

第一,从实际出发。从实际出发,最主要的就是在落实上级政策规定的过程中,密切结合本地、本单位公路交通工作实际,制定切实可行的规章制度,以确保工作顺利开展,确保工作成效。从实际出发,要求根据公路交通工作实际需要制定各类制度规范,否则出台的新制度就会起副作用。要做到从实际出发,就要吃透上级精神,同时扑下身子广泛调研,真正摸透下情,这样制定出来的制度才贴近实际,符合需要。

第二,建立在法律和社会道德规范基础上。内部制度建设绝对不能与宪法、法律、法规、规章相抵触,也不能任意违背上级政策规定,只有具备合法性的规章制度,才会于法有据,才会有执行力,否则将把工作导入歧途。道德规范对于约束和引导人的行为具有重要作用,会将行为引向公平、正义和高效,管理制度公布后,能够进一步增强所在单位的凝聚力和向心力,同时也有利于亮化公路交通行业形象。所以,制度建设的过程往往就是法律规范和道德规范的体现和细化。

第三,制度的系统和配套。公路管理制度之间要相互衔接、相互协调,相互配套,形成严密的制度体系。如果制度之间互相掣肘,就不能发挥制度的效用,这就要求制定制度的部门与部门之间,单位与单位之间,共享信息,互通有无,法治机构更要做好审核把关等工作。为了实现制度的系统化和相互配套,还要讲究时效性原则,一是提高制度制定的效率,避免马后炮,二是及时修改、废止不适应工作需要的制度。

第四,做到科学合理。搞好公路管理的内部规章制度建设要坚持以下原则:一是充分掌握实际情况基础上的严密性原则,理想的公路管理制度应当在出台前后考虑到各种可能的情况与因素,措词严密,无懈可击;二是符合公路交通工作实际的可行性,要针对公路管理机构的实际情况,制定出切实可行的制度,如果脱离实际,只图表面、字面上的完整,在实际中却无法贯彻落实,反而成为影响工作开展的因素;三是在规定基层单位权利和义务的内容中要宽严适度,既要体现制度的严肃性,又要充分考虑实际操作时的可接受程度,尤其是奖惩规定,一定要广泛征求基层广大干部职工的意见,避免脱离实际决策、遥控决策。

二、管理制度的制定程序

公路交通法治机构、各业务主管部门在各自的职责范围内负责制度的立项、调研、起草、审核、报批。基层公路管理机构根据上级部门的统一部署或委托,协助做好有关工作,参与制度制定工作。公路管理制度的制定要符合法律规定,符合公路管理制度建设的总体要求和公路交通工作的实际,遵循统筹协调、分工负责、责权明确的原则。制度的名称应当准确、规范,根据具体情况分别叫作"规定""办法""规则""实施细则""实施办法"等。制度条文应当全面而不烦琐,逻辑上要严密,结构上要严谨,条文内容要明确、具体,用语应当准确、简洁,发布后应当具有可操作性。根据内容需要,制度文件在结构上可以分为编、章、节、条、款、项、目。章、节、条的序号用中文数字依次表述,款不编号,项的序号用中文数字加括号依次表述,目的序号用阿拉伯数字依次表述。除内容复杂的外,一般不分章、节。

重大管理制度以及综合性或者主要内容涉及两个以上业务部门的管理制度的起草,可由公路交通法治机构牵头负责。非综合性或者主要内容仅涉及单个业务部门的管理制度的起草,可由业务部门牵头负责。必要时,可以委托有关基层单位负责规章制度的调研、起草等工作。起草之前,应当进行充分调研,研究规章制度的制定目的、必要性、主要依据、管理主体、管理制度等,搜集相关资料,进行分析比较,提出明确的起草框架和各章节的主要内容。起草较重大、复杂的规章制度,主办业务部门应当会同公路交通法治机构提出起草人员的组成建议,报领导批准后,成立起草工作组,由起草工作组负责实施。起草规章制度,应当包括以下环节:搜集资料并进行初步分析;拟定起草框架、主要内容、起草原则和思路;编制调研提纲、调研计划,并付诸实施;对管理内容、管理机构、相关责任等重要问题进行研究;起草文本,同时根据起草中的问题作进一步调研;征求意见;汇总所征求的意见并提出相应的处理意见和建议;根据调研和征求意见的情况,进行修改、完善;形成草案。

主办部门负责人应当对草案等内容进行审核,涉及其他业务部门管理的业务,还应当听取相关业务部门的意见,然后由法治机构协助进一步审核。对于移送审查的草案,法治机构主要从草案与有关法规、制度的衔接等方面进行审查;业务部门主要对草案的内容是否符合公路交通工作的实际需要、可操作性及实施效果负责。完成审核、确认无问题后,主办部门将草案提交领导或上会进行审议,审议通过后,按照公文办理程序印发。审议草案时,由主办部门做汇报,法治机构及相关业务部门参加并做补充说明。如法治机构系主办部门,则由法治机构汇报,有关业务部门参加并做补充说明。审议中发现问题时,应由主办部门进行修改、完善,经审核后再上会审议。对于以规范性文件形式发布的规章制度,出台后应按规定报上级部门和同级政府法治部门备案。

三、管理制度范本

××单位

关于印发《行政执法证件管理办法》的通知

各部门、各有关单位:

为加强对行政执法证件的统一管理,规范执法行为,保障和监督执法人员依法行使职权,根据有关法律规定,我单位研究制定了《××行政执法证件管理办法》,现予印发,请遵照执行。

××××年×月×日

××单位行政执法证件管理办法

第一条 为规范执法行为,加强执法监督,保障公民、法人和其他组织的合法权益,根据《中华人民共和国行政处罚法》《山东省行政执法证件管理办法》等规定,结合我市工作实际,制定本办法。

第二条 本办法所称行政执法证件,包括县级以上人民政府颁发的行政执法证件、行政处罚听证主持人资格证件、行政复议应诉人员资格证件,以及省级交通运输主管部门颁发的交通行政执法证件。

第三条 行政执法证件发放范围为在编、在岗执法人员。

第四条 行政执法证件的申领和管理由市××负责,其中县级人民政府颁发的行政执法证件的申领和管理由各区县××负责。

第五条 行政执法人员,在法定职权范围内执行公务时必须随身携带并依法使用行政执法证件。

第六条 持有行政执法证件的人员在职权范围内可以依法调查、检查或者收集证据,对违反××管理秩序的行为依法予以制止、纠正、依法给予行政处罚或者采取行政强制措施。

第七条 申领行政执法证件的人员,除符合第三条规定的条件外,还应具备大学专科以上学历,并参加相应的培训,经考试合格。

第八条 行政执法证件应当妥善保管,不得涂改或者转借他人,证件遗失应当及时报告并声明作废。

第九条 执法人员调离原执法岗位、退休或因其他原因不再从事执法工作时,应将行政执法证件交所在单位,由所在单位按照规定上缴。

第十条 承担执法职能的单位应当建立行政执法证件管理档案,加强对行政执法证件发放、使用的管理。

第十一条 持有行政执法证件的行政执法人员有下列行为之一的,按照有关规定严肃处理:

（一）执行公务时不出示行政执法证件的；

（二）将行政执法证件转借他人的；

（三）越权执法或者违反法定程序的；

（四）不依法履行职责，玩忽职守的；

（五）滥用职权，徇私舞弊的；

（六）有其他违法行为的。

第十二条　不按规定定期审验的，行政执法证件自行失效。

第十三条　本办法自发布之日起施行。

第三节　公路管理制度的执行

在公路交通工作中要真正实现制度化管理，实现各项工作的突破，需要广大干部职工的共同努力，确保各项管理制度得到切实执行。

一、为制度执行提供有力保障

俗话说"火车跑得快，全靠车头带"。抓制度化管理，使公路管理制度得到严格落实，首先要从领导抓起，从领导班子的制度化抓起。也就是说，制度的执行，必须从领导集体的制度建设开始。班子成员带头遵守、执行，不搞特殊化，给职工树立榜样，可以使单位上下共同遵守这些规章制度，上行下效，调动全体人员的积极性，从而实现制度化管理，收到应有的效果。因此说，领导带头遵守执行各种规章制度，是实现制度化管理的关键，也是各项工作全面开展的关键。

要使公路管理制度得到有效实施，还必须建立相应的考核机制。只有科学合理、符合实际的制度还不够，还必须建立与之配套的相应的考核制度。考核是检验公路管理制度落实情况、评价公路管理制度是否合理可行和便于操作的有效方法。同时，考核工作本身也需要规范，也要建立相应的制度，而且必须更具操作性和标准化。在考核的过程中不能走过场，流于形式,而是应该把考核细化、量化,并建立考核档案,使各项制度的考核落到实处。每个人既是制度执行者,同时又是别人执行制度的监督者,使单位上下形成一个制度管理的立体网络。有了考核监督机制,才会使各项制度真正落到实处,真正发挥制度管理的作用。

要使公路管理制度得到有效实施,还必须加强思想政治工作。即必须有强有力的思想政治工作做保证,在制度酝酿、调研、起草和讨论过程中,注意充分听取、广泛收集基层单位和广大职工的意见,集中来自一线的智慧,尊重大家的积极性、创造性,并把思想政治工作贯穿各项工作的始终。实行严格的制度体系之后,必然会有一些人感到不适应,甚至有负面或抵触情绪,这也需要我们做耐心细致的思想政治工作,使之从自我抵制到自觉遵守,把问题解决在萌芽、早期。同时我们也应当把思想政治工作制度化,二者相互促进、相得益彰,成为实现制度化管理的重要保证。

二、注意避免制度本身对工作的负面影响

如果在公路管理制度的制定、执行过程中把握得不够好,实行制度化管理对公路交通工作就可能产生一定的负面影响,所以应当随时关注和应对处理这类情况。一是制度僵化会扼杀职工的积极性和创造性。创造性是公路交通事业赖以发展的源泉,如果过分强调工作的程序化和标准化,就会影响职工的个性发挥。呆板的、僵化的、过分强调工作程序化和标准化的制度会打击他们创造性地开展工作的积极性,久而久之,公路交通事业的整体运行就会缺乏活力、缺乏创新、缺乏新绩。二是制度在执行过程中可能增加管理风险。由于制度化管理在很大程度上就是文件化、程序化、信息透明化,因此公路交通决策等信息可能在不适当的时候就被披露,甚至被别有用心的人恶意利用,给工作带来被动。三是制度化管理的初期会增加一定成本,主要体现在制度的前期制定成本、宣传和培训成本、因制度不够完善及制度冲突产生的额外管理成本等。

为了有效避免不合理的制度、不科学的决策对公路交通工作的负面影响,在公路管理制度的执行过程中必须做到扬长避短,必要时敢于承认失

误,及时对制度进行修正。要树立制度化管理是公路交通工作规范化的必然要求的正确观念,维护其严肃性和权威性,确保各项制度能够公正、公平、公开地实施,形成人人遵守制度、维护制度、监督制度实施的良好氛围。要把握好公路管理制度执行的原则性与灵活性,发现制度缺陷后及时反馈至制度制定者,按照程序修订和完善。要加强制度配套,科学防范制度执行过程中产生的各种风险。要加强制度执行中的集约化管理,降低制度执行的成本,确保最大效益。要在执行中及时对规章制度进行清理,避免因制度泛滥被束之高阁。

第四节 公路管理制度的清理和创新

如果相关的管理制度之间存在冲突,或者配套措施不能及时出台,就会形成制度白条,无法落实到实践当中去。为了避免这种情况出现,就要定期对公路管理制度进行清理。制度创新是制度化管理的活力所在,制度创新不但强调及时制定新制度,也强调及时修改、补充或废止旧有制度,因此制度创新与制度清理紧密相联。

一、公路管理制度的清理

国务院《全面推进依法行政实施纲要》第18条规定:"建立和完善行政法规、规章修改、废止的工作制度和规章、规范性文件的定期清理制度。要适应完善社会主义市场经济制度、扩大对外开放和社会全面进步的需要,适时对现行行政法规、规章进行修改或者废止,切实解决法律规范之间的矛盾和冲突。规章、规范性文件施行后,制定机关、实施机关应当定期对其实施情况进行评估。实施机关应当将评估意见报告制定机关;制定机关要定期对规章、规范性文件进行清理。"同样,定期对公路管理制度进行清理,也是公路交通领域依法行政工作的重要组成部分。

公路管理制度的清理是指制定公路管理制度的单位对一定时期制定的

或一定范围内的公路管理制度文件从体系、内容上进行审查、分析和整理，并做出继续适用，需要修改、补充或废止决定的活动。制度清理并非对原有制度的完全否定，而是由于这些制度规范过于陈旧，没有及时修订和废止，无法适应公路交通事业发展的需要，或者出现了各种制度之间不统一、不协调、互相冲突的局面，破坏了制度的统一性。许多制度规范在内容方面年久失修、重复交叉，有些规定已经明显不合时宜，有些文件违背法律或上级规定，有的不具有可操作性，甚至有的规定在行政复议、诉讼中遭到质疑，使工作中存在制度风险。所以，清理公路管理制度是维护制度统一和政令畅通的客观需要。

定期对各项管理制度进行梳理是非常必要的。通过清理工作，可以摸清各类制度、规范、文件的底数，找出其中存在的问题和漏洞，提出解决方案，使各类管理制度更加规范化、系统化。同时，制度制定者也可以在清理工作中总结制度建设的经验和教训，逐步建立一套日常的制度评估机制，使制度建设走上科学轨道。清理工作要发动干部职工广泛参与，这可以更多、更及时地发现问题，寻求更为科学的解决方案，有效弥补从上到下清理机制的不足。在制度化管理中，广大职工与制度的实施离得最近，如果确有问题存在，他们往往最早、最容易发现。而制度制定者或者因为先入为主，或者由于不直接承担具体工作，因而往往不太容易发现问题。

清理工作应逐文逐条进行，按照"有效、简洁、规范"的原则要求，确保公路管理制度的系统化和规范化。具体清理标准如下。

（1）有效性。即被清理的制度或其中条款是否已经失效或废止，可分为三种情况：执行时间过期、管理对象不存在、被新制度废止。

（2）简洁性。即被清理制度与其他制度是否相互重叠、重复，分为两种情况：一是全部重复，即被清理的制度与其他制度完全一致，这类情况没有继续存在的必要；二是部分内容重复，即被清理的文件中有一部分内容与其他的文件重复，这部分内容可以删减。

（3）规范性。即被清理的制度或其中的条款与其他制度是否相互矛盾、冲突问题，可分为三种情况：与上级新规定相抵触、制度规定不合理、制度之间不协调。

对制度清理中发现的各类问题,应当认真研究、及时处理。

(1)公布失效或废止的制度及条款。由责任部门将清理出的需废止或失效的文件及条款目录在管理范围内进行公布。

(2)及时研究修改有关制度文件。对清理出有问题的制度文件,如暂时由于条件不够成熟等原因不能废止的,应当尽快研究,进行修订或完善,尽快制定新的制度进行替代。

(3)积极提出工作建议。在制度清理工作中,如发现上级机关制发的制度文件存在问题,应当积极提出建议和意见。

二、公路管理制度的创新

随着公路交通事业的飞速发展,体制机制的不断改革,公路管理制度也要与时俱进、不断创新,这样才能适应不断变化了的新形势,否则旧的制度只能阻碍公路交通事业的发展。制度创新是制度化管理的活力所在,制度创新不但强调及时研究制定新的制度,也强调及时修改、补充或废止已有制度,因此制度创新与制度清理是紧密相联的。

创新公路管理制度,首先,要在管理制度中的权、责上下功夫,比如办公设施和装备的采购,要实行比价、阳光采购;公路工程建设、养护项目要实行招投标,防止暗箱操作的问题;重大事项要实行民主决策等;对责任、业绩的考核奖惩方面,也要结合公路交通工作的形势任务等实际进行制度上的创新。其次,要在管理制度的有效性和可操作性上创新。有些制度在内容上比较模糊,比如有的制度涉及部门较多,但责任不明确,还有的制度在实践操作中因设计不合理,不好落实,难以实施,这样的制度都需要创新。最后,要在适应交通领域改革发展大趋势的快速反应上进行制度创新。面对经营性业务剥离、综合执法改革等新形势,如果管理制度不能及时地跟上改革决策,就会由于制度滞后的原因失去发展机遇,制约公路交通事业的发展,这样的制度就非要创新不可。

为了保证公路管理制度创新的实际效果,在制定制度时就要把握政策性和实效性,即使是具有一定阶段性、具体业务针对性的制度也要充分体现这一点。同时在制定制度时要注重量化、细化,便于落实。制度要在执行中规范,在实践中完善,不能束之高阁,得不到执行。无论制定哪一项制度,只要有不完善的地方,都应当修改、完善后付诸实施,或者边实施、边完善,否则制度就失去了严肃性。在修改和创新公路管理制度时,要注意保持这些制度的连续性,避免因全盘否定造成工作不连续等负面效应。

制度创新是激发公路交通行业发展潜力的重要途径,也是调动干部职工积极性,创造性地开展工作的有效措施之一。因此,构建制度体系时,要树立不断发展完善的意识,通过不断的制度创新保持制度体系应有的活力。这就要求在实施制度化管理的过程中,不断增强创新意识,防止制度落后、僵化,及时对一些不合时宜的制度内容进行修改和调整,使制度符合变化了的形势和新需要。

总之,实践没有止境,创新也没有止境,只有不断推行制度创新,公路的管理制度才能保持生命力。

第六章

建立健全执法规范化长效机制

交通运输领域综合执法改革前,各级公路管理机构承担过规费征稽、路政管理等执法工作,积累了大量行之有效的工作经验。交通综合执法改革后,公路管理机构仍然要负责行政许可事项实施的监管、行政执法辅助性工作等。为此,本章对建立健全公路交通执法规范化长效机制加以探讨。

第一节　建立健全执法规范化长效机制

为确保严格规范公正文明执法,切实维护交通运输从业人员合法权益,交通运输部于 2021 年 11 月印发《关于建立交通运输行政执法规范化长效机制的意见》。

一、总体要求

以习近平新时代中国特色社会主义思想为指导,深入贯彻落实党的十九大和十九届二中、三中、四中、五中、六中全会精神,增强"四个意识",坚定"四个自信",做到"两个维护",坚持执法为民、坚持问题导向、坚持刀刃向内、坚持标本兼治,紧扣严格规范公正文明执法要求,以维护交通运输从业人员合法权益为着力点,以做好行政处罚法的实施工作为抓手,以建立长效工作机制为重点,不断改进和优化交通运输执法工作,巩固深化交通运输执法领域突出问题专项整治行动成果,实现交通运输行政执法规范化长效治理。

二、建立问题查纠整改长效机制

实现问题查摆常态化。建立问题清单管理机制,形成问题清单。领导干部要经常深入联系点,调研了解摸排问题,集中研究重点难点工作。建立专项检查工作机制,上级交通运输部门适时组织开展专项检查,对问题较多地区和单位进行重点查访,推进整改工作制度化。建立问题整改责任机制,对查摆出的问题,逐一制订整改工作方案,明确整改措施、整改时限、责任分工。建立问题预防预警机制,切实防止小问题演变成大问题、个案转化为群体事件、涉稳事件。驰而不息正风肃纪。建立警示案例通报制度,持续释放正风肃纪震慑效应。严惩执法环节中各类腐败,持续保持高压态势,切实涵养行业清风正气。

三、建立执法为民实践长效机制

推行轻微违法告知承诺制。当事人发生属于轻微违法告知承诺制范围的违法事项,违法行为轻微没有危害后果或者初次违法且危害后果轻微,且当事人及时改正的,对当事人依法不予行政处罚,但采取签订承诺书等形式教育、引导、督促其自觉守法。推广说理式执法。广泛运用说服教育、劝导示范、警示告诫、指导约谈等方式开展执法工作,执法文书要充分释法析理,说透法理、说明事理。完善群众监督评价机制。定期深入企业、工地、站场,与企业群众互访交流,了解实际诉求,宣传法规政策,收集改进执法工作的意见建议。持续畅通投诉举报渠道。建立网络舆情收集、研判和处置机制,定期梳理主流媒体、自媒体和网民观点,及时发现问题线索,主动接受社会监督。深化执法评议考核制度,加大群众评议、社会评价在评议考核指标体系中的权重。坚持不懈为群众办实事解难题。聚焦解决人民群众急难愁盼问题,把服务群众贯穿于执法办案全过程,切实提升群众工作能力和水平。

四、建立素质能力提升长效机制

开展常态化思想政治教育。制订年度思想政治教育计划,定期组织召开思想交流会。加强基层党组织建设,充分发挥基层党组织战斗堡垒和党员先锋模范作用。

推行制度化规范化培训。完善行政执法资格准入制度,对未参加执法人员资格培训、考试不合格的申请人员,不得授予执法资格。夯实基层基础基本功。继续推进以"基层执法队伍职业化、基层执法站所标准化、基础管理制度规范化、基层执法工作信息化"为内容的"四基四化"建设,着力构建"四基四化"建设制度体系。

持续提升执法监管能力和水平。组织实施交通运输综合行政执法队伍素质能力提升行动方案和加强规范交通运输事中事后监管行动方案,发挥好执法监管工作在规范市场秩序、维护安全发展、促进社会稳定方面的重要作用。

五、建立行政执法监督长效机制

建立综合行政执法协调监督工作体系。充分发挥行政执法监督统筹协调、规范保障、督促指导的重要作用,切实形成监督合力。

建立健全执法监督和法制工作机构,加强综合行政执法队伍建设、建立完善行政执法规范化制度,加强行政执法监督机制和能力建设。全面落实行政执法责任制,严格按照权责事项清单分解执法职权、确定执法责任。创新执法监督方式,拓宽执法监督渠道,加强和完善行政执法案卷管理和评查、投诉举报处理、行政执法评议考核等制度建设。

建立并实施行政执法监督员制度,针对社会关注、群众关切的热点、难点开展执法监督,及时纠正违法行为,确保执法监督取得实效。

六、建立抓源治本长效机制

落实行政处罚制度定期评估机制。对评估发现不符合上位法规定、不适应经济社会发展需要、明显过罚不当、缺乏针对性和实用性等情形的行政处罚规定,要及时按照立法权限和程序自行或者建议有权机关予以修改、废止。

严格执行罚缴分离制度。遵循罚款决定与罚款收缴相分离,执法与保管、处置岗位相分离,罚没收入与经费保障相分离的原则,严格执行罚缴分离和收支两条线管理制度。

推行执法隐患排查防控制度化。对可能引发的不稳定因素,制定风险隐患化解、处置方案,及时化解矛盾纠纷。建立重大事项报告制度。根据执法环节的隐患点、矛盾点、纠纷点,定期组织评估分析行业管理相关法律法规规章及政策制度的问题、矛盾,研究提出完善意见建议,按照职责权限组织对相关法规政策制度进行调整完善。

第二节　推行行政执法责任制

行政执法责任制是规范和监督行政执法活动的一项重要制度。《国务院关于全面推进依法行政的决定》《全面推进依法行政实施纲要》《国务院办公厅关于推行行政执法责任制的若干意见》和原交通部《关于推行交通行政执法责任制的实施意见》对推行行政执法责任制的有关工作作了具体规定。交通运输部于2021年11月印发的《关于建立交通运输行政执法规范化长效机制的意见》也提出:"全面落实行政执法责任制,严格按照权责事项清单分解执法职权、确定执法责任。"

一、依法界定执法职责

多年来,各级公路管理机构认真贯彻落实党中央、国务院的要求,积极探索实行行政执法责任制,在加强行政执法管理、规范行政执法行为方面做了大量工作,取得了一定成效。推行行政执法责任制,就是强化执法责任,明确执法程序和执法标准,进一步规范和监督行政执法活动,提高行政执法水平,确保依法行政各项要求落到实处。

(一)梳理执法依据

推行行政执法责任制首先要梳理清楚所执行的有关法律法规和规章。对具有行政执法主体资格的单位执行的执法依据分类排序、列明目录,做到分类清晰、编排科学。要注意与《中华人民共和国行政处罚法》《中华人民共和国行政许可法》等规范政府共同行为的法律规范相衔接。下级单位梳理执法依据时,还要注意与上级有关主管部门的执法依据相衔接,避免遗漏。梳理完毕的执法依据,以适当方式向社会公布。

(二)分解执法职权

按照本级人民政府的统一部署和要求,根据执法机构和执法岗位的配置,将其法定职权分解到具体执法机构和执法岗位,不得擅自增加或者扩大本部门的行政执法权限。分解内部不同执法机构和执法岗位的职权要科学合理,既要避免平行执法机构和执法岗位的职权交叉、重复,又要有利于促进相互之间的协调配合,做到执法流程清楚、要求具体、期限明确。对执法人员,要结合其任职岗位的具体职权进行上岗培训;经考试考核合格具备行政执法资格的,方可按照有关规定发放行政执法证件。

(三)确定执法责任

执法依据赋予执法机构的每一项行政执法职权,既是法定权力,也是必须履行的法定义务。任何违反法定义务的不作为和乱作为的行为,都必须承担相应的法律责任。要根据有权必有责的要求,在分解执法职权的基础上,确定不同部门及机构、岗位执法人员的具体执法责任。要根据执法机构和执法人员违反法定义务的不同情形,依法确定其应当承担责任的种类和内容。

二、建立健全行政执法评议考核机制

行政执法评议考核是评价行政执法工作情况、检验执法机构和行政执法人员是否正确行使执法职权和全面履行法定义务的重要机制，是推行行政执法责任制的重要环节。要建立健全相关机制，认真做好行政执法评议考核工作。行政执法评议考核应当严格遵守公开、公平、公正原则。在评议考核中，要公正对待、客观评价行政执法人员的行政执法行为。评议考核的标准、过程和结果要以适当方式在一定范围内公开。

评议考核的主要内容是执法机构和行政执法人员行使行政执法职权和履行法定义务的情况，包括行政执法的主体资格是否符合规定，行政执法行为是否符合执法权限，适用执法依据是否规范，行政执法程序是否合法，行政执法决定的内容是否合法、适当，行政执法决定的行政复议和行政诉讼结果，案卷质量情况等。评议考核主体要结合不同单位、不同岗位的具体情况和特点，制订评议考核方案，明确评议考核的具体标准。

行政执法评议考核可以采取组织考评、个人自我考评、互查互评相结合的方法，做到日常评议考核与年度评议考核的有机衔接。要高度重视通过案卷评查考核执法机构和行政执法人员的执法质量。要积极探索新的评议考核方法，利用现代信息管理手段，提高评议考核的公正性和准确性。要将内部评议与外部评议相结合，认真听取相关行政管理相对人的意见。外部评议情况要作为最终考核意见的重要根据。外部评议可以通过召开座谈会、发放执法评议卡、设立公众意见箱、开通执法评议专线电话、聘请监督评议员、举行民意测验等方式进行。

三、认真落实行政执法责任

推行行政执法责任制的关键是要落实行政执法责任。对有违法或者不当执法行为的单位，可以根据造成后果的严重程度或者影响的恶劣程度等具体情况，给予限期整改、通报批评、取消评比先进的资格等处理；对有关行政执法人员,可以根据年度考核情况,或者根据过错形式、危害大小、情节轻重,给予批评教育、离岗培训、调离执法岗位、取消执法资格等处理。对行政执法行为在行政复议和行政诉讼中被认定违法和变更、撤销等比例较高的,对外部评议中群众满意程度较低或者对推行行政执法责任制消极应付、弄虚作假的,可以责令限期整改;情节严重的,可以通报批评或者取消评比先进的资格。对实施违法或者不当的行政执法行为依法依纪应采取组织处理措施的,按照干部管理权限和规定程序办理;依法依纪应当追究政纪责任的,由任免机关、监察机关依法给予行政处分;涉嫌犯罪的,移送司法机关处理。

追究行政执法责任,必须做到实事求是、客观公正。在对责任人作出处理前,应当听取当事人的意见,保障其陈述和申辩的权利,确保不枉不纵。同时,要建立健全行政执法奖励机制,对行政执法绩效突出的单位和行政执法人员予以表彰,调动执法机构和行政执法人员提高行政执法质量和水平的积极性,形成有利于推动严格执法、公正执法、文明执法的良好环境。

第三节　建立健全行政执法评议考核机制

根据建立健全执法规范化长效机制、推行行政执法责任制的要求,要结合工作实际,明确行政执法评议考核目标,制订评议考核方案,明确评议考核的范围、具体内容、具体标准和具体办法。下面是某单位制定的行政执法评议考核制度,可供参考。

××单位行政执法评议考核制度

第一条　为推动行政执法责任制的贯彻实施,确保依法行政,根据《国务院办公厅关于推行行政执法责任制的若干意见》和《交通部关于推行交通行政执法责任制的实施意见》,制定本制度。

第二条　本办法适用于本系统内市县两级××执法机构及其执法人员。

第三条　市××推行行政执法责任制领导小组负责对全系统各执法单位

行使行政执法职权和履行法定义务情况进行评议考核。各基层执法单位负责对本单位执法人员行使行政执法职权和履行法定义务情况进行内部评议考核。

第四条　各单位必须按要求建立健全行政执法责任制，按照执法人员管理制度、工作程序制度、投诉受理制度、绩效考评制度、过错责任追究制度，把相关职权、责任分解落实到具体岗位和人员。制定评议考核、执法责任追究、执法公示、法治学习和培训、文明执法等规定。

第五条　各单位要设立行政执法评议考核组织，指定专人负责本单位执法评议考核工作。

评议考核由评议和考核两部分组成。评议考核内容包括：

（一）行政执法的主体资格是否符合规定；

（二）行政执法行为是否符合执法权限；

（三）适用执法依据是否准确、规范；

（四）行政执法程序是否合法；

（五）行政执法决定的内容是否合法、适当；

（六）行政执法决定的行政复议和行政诉讼结果；

（七）案卷质量情况；

（八）法治学习、培训情况；

（九）法治宣传教育情况；

（十）执法人员仪容风纪；

（十一）执法责任追究情况。

（十二）其它应考核的行政执法情况。

第六条　行政执法考核采取组织考核、自我考核以及互查互考的方式进行。

组织考核的方法包括：

（一）听取被考核单位和人员的汇报；

（二）查阅有关执法文书和工作资料；

（三）测试相关法律和业务知识的掌握情况。

案卷质量情况是其中的主要考核内容，包括案卷情况、执行情况、纠正情况以及公示情况。

第七条　行政执法评议的方式包括内部评议和外部评议。外部评议结果作为最终考核意见的重要根据。

第八条　外部评议的方式包括召开座谈会、发放执法评议卡、设立公众意见箱、开通执法评议热线电话、聘请监督评议员、举行民意测验等。

第九条　根据工作实际,制定年度评议考核标准。评议考核采取分项评分制,以百分考核的方法进行。

分项评分,是把评议考核的内容划分为若干单项,每个单项按照比例核定成项目分数,再把每个单项内容分解为若干小项,并按比例核定为若干小分,逐项评议考核。

百分考核,指各项目总分为100分,考评的全部内容均达到要求的,得满分;如有不足,则按规定标准扣分,各项得分相加即应得分数。

第十条　对执法工作卓有成效,有下列情形之一的单位和人员,应在评议考核结果中适当加分。

(一)年度行政执法被上级部门评为各种先进的;

(二)依法履行法定职责,查处重大案件,在全市有重大影响的;

(三)落实行政执法责任制工作扎实,总结出典型经验,被上级机关推广的。

第十一条　评议考核实行日常评议考核与年度评议考核相结合的原则。日常评议考核情况在年度评议考核中占40%的分数。日常评议考核由各单位组织实施,市××推行行政执法责任制领导小组进行指导和监督;年终评议考核由市××推行行政执法责任制领导小组组织实施。

第十二条　根据得分多少,年终总评时可将被评议考核单位划分以下四个等级:

(一)优秀:得分95分以上;

(二)较好:得分90～94分;

(三)一般:得分80～89分;

(四)较差:得分60～79分;

(五)不合格:得分不满60分。

第十三条　评议考核按照以下程序进行：

（一）深入被评议考核单位现场进行；

（二）填写评议考核表，形成评议考核意见；

（三）向被评议考核单位反馈初步评议考核意见；

（四）形成评议考核报告，报市××推行行政执法责任制领导小组评审；

（五）在全系统公布评议考核结果。

第十四条　年度被评为优秀的单位和人员，由市××给予表彰和奖励；被评为较好的，给予通报表扬；被评为较差以下等级的，给予通报批评。

第十五条　凡是被评为较差以下等级的执法单位，一律不得评为法治先进单位。

第十六条　行政执法评议考核与目标考核、岗位责任制考核相结合，不重复评议考核。

第十七条　本办法由市××推行行政执法责任制领导小组负责解释。

第十八条　本办法自××××年××月××日起施行。

第四节　认真落实行政执法责任

按照权利、义务、责任相一致的原则，在分解行政执法岗位职责、细化工作流程的基础上，根据《国务院办公厅关于推行行政执法责任制的若干意见》《交通部关于推行交通行政执法责任制的实施意见》，结合各自实际，制定和完善行政执法责任追究的具体实施办法，确保责任追究落到实处。下面是某单位制定的行政执法责任制度，可供参考。

××单位行政执法责任制度

第一条　为了全面贯彻实施公路管理法律、法规和规章，规范行政执法行为，明确法律责任，提高执法水平，根据《国务院办公厅关于推行行政执法责任制的若干意见》《交通部关于推行交通行政执法责任制的实施意见》等规定，制定本制度。

第二条　本制度所称行政执法是指全市××系统各执法单位及其行政执法人员依法行使行政职权、履行行政职责的行为。

第三条　本制度所称行政执法责任制是指为保障法律、法规、规章的实施而建立的履行行政执法职责、承担行政执法责任的工作制度。

第四条　本制度所称行政执法过错行为,是指行政执法人员因故意、过失违法行使职权,造成一定危害后果的行为。

第五条　本制度所称行政执法过错责任追究,是指对执法人员造成的执法过错进行调查、确定责任、决定处分的活动。

第六条　执法人员在行政执法过程中因故意或者过失,给国家、集体、公民、法人和其他组织合法权益造成损失的,应当依法承担过错责任。

第七条　追究行政执法过错责任坚持实事求是、有错必究、教育与惩罚相结合、处分与责任相适应原则。

第八条　行政执法责任制坚持有法必依、执法必严、违法必究的方针;对违法行为的查处必须做到事实清楚、证据确凿、定性准确、程序合法、处理适当、文书规范。

第九条　市××推行行政执法责任制领导小组对行政执法工作的推进和执法责任制的落实实施全面领导。领导小组办公室设在××科,具体负责行政执法责任制的实施工作,并对本制度的实施情况进行监督、检查。

第十条　行政执法人员在行政执法活动中,有下列情形之一的,应当追究过错责任:

(一)认定事实不清、证据不足而实施具体行政行为的;

(二)错误适用法律、法规和规章的;

(三)违反法定程序实施具体行政行为的;

(四)超越和滥用职权或者违法实施罚款、许可和强制措施等具体行政行为的;

(五)行政执法人员不履行法定职责,应当作为而不作为的;

(六)处理结果有悖于公开、公平、公正原则的;

(七)违法实施其他具体行政行为的。

第十一条　具有下列情形之一的,不追究行政执法人员的过错责任:

（一）因国家法律、法规、规章的修改而改变原行政行为的；

（二）由于管理相对人的过错或不可抗力造成执法错误的；

（三）行政执法人员所执行的规范性文件与国家法律、法规相抵触的；

（四）执行上级或本级行政机关错误决定的；

（五）法律、法规、规章规定不予追究行政执法人员责任的；

（六）其他不予追究的情形。

第十二条　行政过错责任的确定：

（一）行政执法人员行使职权造成执法过错的，由行使职权的人员承担全部责任。

（二）两人以上共同行使职权造成行政执法过错的，主办人员承担主要责任，协办人员承担次要责任，共同主办的共同承担全部责任。

（三）鉴定人、勘验人故意或过失导致行政执法过错的，由相应鉴定人或勘验人承担全部责任。

（四）行政执法行为因审核错误造成过错的，审核人承担全部责任。

（五）行政执法行为经有关领导批准造成过错的，追究批准人的责任。有关领导错误批示造成过错的，由批示人承担全部责任。

（六）由于承办人员的过错造成行政机关做出错误决定或导致审核人、批准人工作失误的，由承办人员承担全部责任。

第十三条　有下列情形之一的，对执法过错责任人应从重处理：

（一）故意造成执法过错的；

（二）拒不纠正过错行为的；

（三）阻碍过错责任调查的；

（四）一年内连续两次以上发生执法过错的；

（五）情节恶劣或者造成严重危害后果的。

第十四条　有下列情形之一的，对过错责任人可以从轻、减轻或免予处理：

（一）主动认识并自觉纠正执法过错的；

（二）情节轻微，或者没有造成危害后果的；

（三）其他可以从轻、减轻或免予处理的情形。

第十五条　对造成执法过错的责任人,应根据其行为的性质、情节、危害程度等依照有关法律、规定作如下处理:

(一)进行内部批评教育;

(二)通报批评、责令书面检讨;

(三)责令承担赔偿费用;

(四)扣发年底奖金;

(五)取消当年评选先进或考核晋级、晋升资格;

(六)调离执法岗位;

(七)给予行政处分。

上列处理决定可以合并适用,执法过错责任人的行为构成犯罪的,依法移送司法机关追究刑事责任。

第十六条　行政执法人员因执法过错造成国家赔偿的,赔偿义务机关实施赔偿后,应依照有关规定对有关责任人追偿部分或全部国家赔偿费用。

第十七条　推行行政执法责任制领导小组办公室,应根据以下线索进行调查并提出立案意见:

(一)上级机关或领导交办、批办的;

(二)有关部门转办的;

(三)群众举报、控告或来信来访的;

(四)执法检查中发现有违法行为的;

(五)经行政复议、行政诉讼被撤销的行政行为。

经推行行政执法责任制领导小组批准立案,由领导小组办公室负责调查取证,并提出纠正意见或追究处理意见后再提交××讨论决定。

第十八条　查处执法过错责任,应在规定期限内处理完毕。

第十九条　行政执法人员对处理决定不服的,可以按照规定申请复核或提出申诉。

复核和申诉期间不停止处理决定的执行。

第二十条　本制度自发布之日起施行。

××××年××月××日

第七章　公路交通法治监督

公路交通法治监督是指以公路交通法治机构为主导,由全体干部职工广泛参与的,按照国家规定对公路交通工作是否依法、有效开展进行监督,确保各项法律制度在本单位得到落实。监督内容包括公路决策、依法行政、制度文件的制定和执行、依法履行职责、信息公开等多个方面。公路交通法治监督通过一定方式、按照一定程序有序开展。

第一节　公路交通法治监督概述

公路交通法治监督是政府法治监督的一部分。公路交通法治监督最根本的目的就在于推动依法治路,保证《公路法》《公路安全保护条例》等法律法规的正确实施,公路管理权力的有效运用,公路管理的有序进行。

一、政府法治监督

政府法治监督,是指上级人民政府对下级人民政府,各级人民政府对其所属工作部门执行法律、法规、规章工作进行层级监督和检查,并制止和纠正违法、不当行政行为的活动,它与行政监察、审计等专门监督部门的监督有所不同。政府法治监督是各级政府及其部门进行层级监督的一种重要方式,对于规范行政行为,提高执法水平,维护法治统一,确保政令畅通,全面推进依法行政,建设法治政府,维护广大人民群众合法权益都具有重要意义。

政府法治监督是政府及其所属部门依法行政的重要动力。政府法治监督工作的实际承担部门主要是各级政府法治机构,加强对依法行政和行政执法的监督是法治机构的主要职能之一。现在,这项工作由政府法制机构与原司法行政机关整合后的新的司法行政机关负责。政府法治机构承担行政执法监督与基层依法行政的组织协调,其核心就是督促、检查、激励与推动。行政机关内部的法治监督不仅是必要的,而且在一定程度上比其他形式的监督更全面、更有力、更有效,是依法行政、确保法律正确有效实施的重要动力。

政府法治监督是政府及其所属部门行政管理行为的自我优化。贯彻国家的方针政策、执行法律是各级政府、政府部门工作的主要内容,其行为直接针对广大人民群众,权力的行使直接关系人民群众的具体利益。尤其是做出具体行政行为时,往往受到利益有关方的因素、体制机制的因素及人为的因素的影响,与立法原则、初衷及社会事务管理的目标发生某种偏离。比如对行政处罚等方面的自由裁权的行使是否具有合法性、合理性、适当性,等等,都需要强有力的监督。政府法治机构的业务具有专业性和相对独立性,承担着具体的法治监督工作,使行政管理能不断实现自我调整。

政府法治监督是政府及其所属部门内部监督体系完善的表现。行政内部监督主要有以下三种形式:一是上级对下级的层级监督;二是审计、监察等机关的专门监督;三是职务监督,如财政、文卫、安监、统计等部门对其他机关的监督等。政府法治监督属于层级监督,主要代表本级政府对政府部门和下级政府贯彻实施法律情况进行监督,包括规范性文件的备案审查(抽象行政行为)及行政许可、行政处罚、行政强制等行政行为的监督(具体行政行为),涵盖了政府层级监督的主要内容,是政府内部监督体系不断走向完善的表现。

二、公路交通法治监督

公路交通法治监督是指,以公路交通法治工作机构及其工作人员为主导,由全体干部职工广泛参与的,按照国家规定对公路建设、养护、运营、管理等活动是否依法、有效开展进行监督,及时发现问题并提出整改建议,在法律、法规、规章以及国家政策、上级规范性文件等贯彻实施过程中充分发挥组织协调和监督职能,确保各项制度在本单位得到落实。公路交通法治监督是上级公路管理机构对下级公路管理机构、各级公路管理机构对其职能部门、直属单位执行法律、法规、规章工作进行层级监督和检查,并制止和纠正违法、不当的公路管理行为的活动。

公路交通法治监督是公路交通法治工作的一个重要组成部分,贯穿于公路交通法治工作的各个环节,也贯穿于公路工作的各个环节。公路交通法治机构具体承办本单位的法治监督工作,履行下列职责:负责建立和落实公路交通法治监督的相关制度;制订法治监督的方案并组织实施;承担法治监督的日常工作;负责对法治监督工作的指导交流、督促检查;协调有关部门或机构做好法治监督工作;领导交办的其他事项。从工作要求来说,一是带头做到勤政廉政,在实现依法治路的过程中率先垂范;二是有效开展监督检查、专项调查等法治监督活动;三是擅于通过个案监督发现带有普遍性、倾向性的问题并加以解决;四是与纪检等部门加强工作配合,坚持事前防范、事中监控和事后追究相结合,经常性监督、定期监督和不定期监督相结合;五是把行政管理活动作为重点,不断加强法治监督,杜绝违法行政的现象发生。

第二节 公路交通法治监督的内容

公路交通法治监督贯穿于公路交通工作的各个环节,监督内容包括公路决策、依法行政、制度文件的制定和执行、依法履行职责、信息公开等多个方面。

一、公路决策

对公路决策方面的下列事项进行监督:公路决策合法性审查、重大决策集体决定、重大决策实施情况反馈、责任追究等制度是否建立和规范运行；上级公路管理机构与下级公路管理机构、公路管理机构与所属部门之间的决策权限是否明确；公路决策权是否在法定权限范围内行使；专业性较强的决策事项是否经过专家论证，社会涉及面广、与人民群众利益密切相关的重大决策事项是否向社会公布或广泛听取公众意见。

二、依法行政

对公路管理机构在依法行政组织领导方面的下列事项进行监督：依法行政领导职责的履行情况；依法行政中长期规划和年度工作计划的制订及落实情况；依法行政重大问题的研究解决情况；依法行政统计和报告制度的执行情况；依法行政工作的检查情况；领导干部和重点岗位人员依法行政知识的学习培训和考试情况；对下一级公路管理机构依法行政工作的考评及对负有领导责任的人员问责的情况。

三、制度文件的制定、执行

对公路管理机构制定、执行管理制度方面的下列事项进行监督：制定制度性文件是否符合法定权限；制定管理制度是否符合法定程序；制发的文件是否应当按照规定报送上级机关备案；对下级公路管理机构报送备案的重要制度文件是否进行严格审查，对发现的问题是否及时进行处理；制度文件定期清理制度的执行情况。这里所说的制度性文件，是指各级公路管理机构在法定权限或授权范围内，为贯彻法律、法规、规章以及党和国家的政策，依照规定程序制定或批准的适用于本单位、本系统公路交通行政管理工作，并可以反复适用的制度文件。

四、推行行政执法责任制

综合执法改革前，公路管理机构在推行行政执法责任制方面做了大量扎实有效的工作,在法治监督方面对下列事项进行监督:是否依法确认行政执法主体,有无不具备行政执法资格的机构或组织及其人员从事行政执法活动的情况;是否定期清理行政执法依据,及时学习宣传新颁布的法律、法规、规章,有无适用已修改、废止、失效的法律依据的情况;是否依法分解行政执法职权、落实行政执法责任,有无权责不清、违法或者不当的行政行为未予追究责任的情况;是否建立和落实行政执法立案、回避、调查、听证、决定等程序,有无严重程序违法或滥用职权的情况;是否开展行政执法案卷评查,有无行政执法文书不统一、不规范的情况;是否建立行政执法职权争议协调机制,有无职能重叠、职权交叉得不到解决的情况。

五、依法履行职责

对公路管理机构依法履行职责方面的下列事项进行监督:是否在法定范围内行使行政职权,有无越权行为以及随意增加行政相对人的义务或剥夺限制行政相对人权利的情况;是否严格履行法定职责,依法查处并纠正违法行为,有无因行政不作为损害社会公共利益以及行政相对人的合法利益,并由此导致影响社会管理秩序、造成重大或恶劣影响;是否维护政府的社会公信力,有无任意撤销、变更已生效行政决定的情况;有无拒不执行上级依法做出的行政复议决定的情况;是否建立健全本单位行政应诉工作机制,有无拒不出庭应诉或者拒不履行生效行政判决的情况;在民事诉讼中是否依法履职,维护国家公路权益;是否建立健全公众投诉举报受理和查处机制,有无推诿扯皮、敷衍应付、拒不查处投诉举报的情况。

六、信息公开

对公路管理机构执行信息公开制度的下列事项进行监督:编制及更新本单位信息公开目录的情况;涉及公众利益重大信息的公布情况;依公民、法人和其他组织申请公开信息的情况;本单位办事程序、办理结果的公开情况。

公路交通法治监督除以上内容外,还应当对下列事项进行法治监督:转变事业单位职能的情况;依法设置工作机构,理顺公路管理体制的情况;创新管理方式,推进工作机制优化的情况;公路建设、养护、运营、管理情况;其他需要监督的事项。

第三节　公路交通法治监督的方式和程序

公路交通法治监督必须坚持有法必依、执法必严、违法必究和以事实为根据、以法律为准绳的原则,通过一定方式,按照科学、合理、合法的程序有序开展。在公路交通法治监督中,要重点加强对行政管理行为的监督。

一、公路交通法治监督的方式和程序

各级公路管理机构应当依照有关法律规定,有组织、有计划地开展法治监督工作。法治监督主要采取全面检查、专项督察、重大问题调查、工作协调、听取工作汇报、查阅档案材料、受理检举、投诉、开展问卷调查、组织评议考核、备案审查、统计分析等方式。上级公路管理机构应当定期对下级公路管理机构有关工作进行全面检查;对下级公路管理机构依法行政重大工作部署的落实、重要工作事项的完成、重大工作事项的办理情况进行督察;各级公路管理机构在法治监督中发现的重大问题应进行调查,及时做出适当处理或提出处理意见和建议。

公路交通法治机构应当根据法治监督工作的需要,提出全面检查、专项督察、重大问题调查的建议,经领导批准后组织实施。全面检查、专项督察、重大问题调查,应当组成工作组,通过听取汇报、查阅有关文件、召开座谈会、个别询问等方式掌握情况,查清事实。有关单位应当予以配合,如实说明情况,提供相关材料。对监督中发现的问题应当提出改进工作的建议,并向派出工作组的单位报告相关情况。

对法治监督中发现的问题,按以下原则处理:制度文件设定的内容违法或不当的,通知有关单位改正;逾期不改的,由有权单位责令改正或予以撤销;违法行使行政职能的,由有权单位责令改正或撤销,并追究有关人员的责任;涉及具体行政行为不合法、不适当的,责令改正或予以撤销;不履行公路管理法定职责的,可以下达《履行法定职责督查书》,责令履行;工作人员有违法行为的,应当按照规定的程序组织调查,并依法纠正;情节严重,造成严重后果的,依法追究责任。

公路交通法治机构还应当在参与办理复议、诉讼等案件程序中充分发挥监督职能,可以根据实际需要,面向社会聘请特邀法治监督员。特邀监督员具有下列职权:维护依法开展的各项公路交通工作,制止、举报公路交通工作中的违法行为,维护社会公众的合法权益;针对发现的问题,提出处理建议。

二、如何加强行政行为监督

(一)对抽象行政行为的监督检查

公路管理体制改革后,公路管理机构一般不再面向社会制定普遍适用的规范性文件。基于政府及其交通运输主管部门授权制定规范性文件的,应报主管部门和同级人民政府法治机构备案。本单位其他部门起草的规范性文件,应当由主办部门报送公路交通法治机构审核。规范性文件制定完成后,由法治机构向上级备案。公路交通法治机构审查新起草的规范性文件的重点是:是否与法律、法规、规章及党和国家的政策相抵触;是否越权设置行政管理事项;与其他规范性文件是否相矛盾;是否符合法律规定的制定程序及规范化要求等。

对审核后的规范性文件,按照下列情况处理:规范性文件合法、适当的,积极协助起草部门推进下一步的制定工作;规范性文件同法律、法规、规章和上级规范性文件相抵触或者越权设置行政管理事项的,由负责审查的公路交通法治机构提出意见,起草部门修改;规范性文件在制定程序及技术上存在问题的,应当提出意见并协助起草部门进行处理。

公路交通法治机构在审查新起草的规范性文件文本过程中,可以要求起草部门进一步做出说明,也可以将该规范性文件文本送有关部门或基层单位征求意见。有关单位或个人认为某些内容不合法或者不适当的,可以向公路交通法治机构反映,公路交通法治机构应及时处理。

(二)对具体行政行为的监督检查

交通运输综合执法改革后,各级公路管理机构的具体行政行为也大幅度减少。但在许可事项的监管、公路路产保护等领域仍然需要承担一定的行政辅助性工作,并且多年来各级公路管理机构在对具体行政行为的法治监督中也积累了不少经验,这里稍做介绍。

对法治监督范围内的具体行政行为,经审查后分别做如下处理:具体行政行为合法、适当的,予以肯定和支持;具体行政行为主体不合格,主要事实不清、证据不足或者超越职权,或者违反法定程序影响相对人合法权益的,由负责审查的法治机构提出意见,由有权单位决定撤销、变更;具体行政行为事实清楚、证据确凿,但适用法律、法规、规章或规范性文件错误,或者未告知相对人申请复议权、诉权的,由负责审查的法治机构提出意见,责令改正或者补正。

承担行政执法工作的,应当定期开展行政执法检查。行政执法检查的重点是:行政执法职能履行情况;行政执法的实际效果及存在问题;法律、法规、规章贯彻实施情况;对违法行为的追究情况;其他需要监督检查的事项。在行政执法检查中,被检查对象必须如实向法治机构报告情况,提供有关资料,不得以任何借口拒绝检查或者设置障碍。对行政执法检查中发现的违法或者不当行政行为,按程序予以撤销、变更;因违法或不当具体行政行为使公民、法人或者其他组织的合法权益遭受损害的,可同时责令做出该具体行政行为的单位依法赔偿;没有依法履行职责的,责令其限期履行;违法设立行政执法组织的,予以撤销或者责令改正。同级单位之间在行政执法中发生的争议,由共同的上级单位的法治机构进行协调,协调不能取得一致意见的,由负责协调的法治机构提出意见报法治机构所在单位决定。

第四节　当前监督工作存在的问题及对策

　　由于公路交通法治监督工作进展不平衡,导致许多体制、机制,甚至人为因素困扰着监督效能的发挥。为了使公路交通法治监督工作能够得到有效开展,必须正确对待工作中暴露出来的问题,采取有针对性的措施加以解决。

一、当前监督工作存在的问题

　　当前公路交通法治监督工作存在的问题归纳起来有以下三个方面:

　　第一,对公路交通法治监督认识不到位。一是工作体制未理顺,一些法治人员认为公路交通法治监督无事可做、无所作为。二是错误地认为交通法治监督纯粹是跟着抢活添乱,可有可无。三是认为交通法治监督就是纯粹办案,发现一起处理一起,这是典型的守株待兔工作方式。四是把法治监督视为一种纯粹的管理工作,不能很好地把监督与服务结合起来,使公路交通法治监督不能得到更多人的欢迎和支持。五是一些人认为公路交通法治监督就是替别人打扫战场,出力不讨好。由于存在着这些认识上的误区,因而严重影响了公路交通法治监督工作的开展。

　　第二,监督力量不强。一是有的公路管理机构未单独设立法治机构,机构建设方面制约了工作的有效开展。二是人员素质良莠不齐的现象明显,人员流动频繁,非法律专业人员及兼职人员所占比重较大。三是职能作用的发挥难以与时俱进。个别单位尚未形成良好的依法行政的法治氛围,难以充分发挥监督作用。四是过错责任追究难以落实。五是公路交通法治机构不同程度地存在着唯我、唯上、唯书的问题,工作僵化,不能兼顾监督与服务,监督工作中常遇抵触情绪,难以有效地发挥职能作用。

　　第三,监督方式不新。一是有的地方仅限于行政管理监督,有的地方仅限于工程招投标监督,监督不全面。二是法治考核监督流于形式,考核内容不确定,考核流程不固定,让考核监督对象无所适从。三是监督考核项目缺乏针对性,常常与其他考核内容冲突、重复。四是法治监督不主动。如纪检部门常用的明察暗访、投诉受理等有效的主动监督方式,法治机构在适用的过程中受条件所限,没有很好地学习和借鉴,工作开展缺乏创新。五是被动监督无结果,监督过程中不能做到及时、准确地反馈意见,等等,使监督工作的严肃性和连续性不够。

二、加强公路交通法治监督的对策

依法行政需要强大的推动力量。公路交通法治机构是公路管理机构的办事机构,如果法治监督的工作地位不能很好确立,法治监督行为不能得到本单位、本系统的广泛认可,合理而必要的法治监督秩序就很难形成。因此,要充分发挥公路交通法治监督职能,必须突出重点,从以下几个方面努力:

第一,加强领导,明确职责权限。公路交通法治监督面临的首要问题是权限问题。公路交通法治监督是代表公路管理机构履行法治监督职责,需要领导的支持,需要单位的授权,这样既可以保证各项监督工作运转顺畅,也给被监督部门和被监督工作人员一个提醒,使其主动配合和接受法治监督。

第二,加强公路交通法治工作培训,消除法治工作人员的错误认识,提高法治监督工作能力,提升监督效果。

第三,明确法治监督工作范围,使公路交通法治机构在制度审核、工程招投标、合同管理等方面有效发挥作用。

第四,主动监督,形成完备的工作体系。要逐步建立一系列主动开展监督的工作制度,对各部门的行政活动实施日常化、经常化的监督,根据依法行政工作要求,分阶段、有重点、持续性地检查、督查工作,及时发现问题并督促整改。对群众关注的热点涉法问题,及新闻媒体曝光的事件,及时提出处理和应对建议。

第五,完善法治监督程序,规范法治监督行为。工作随意,若隐若现,飘忽不定，这样是不能开展好法治监督工作的。公路交通法治监督要实现强有力监督，必须形成一整套规范的监督工作程序。此外，还应当设置法治监督的救济程序，保护被监督当事人的合法权益。

第六，培育法治队伍，强化工作力量。要加强公路交通法治机构建设，配备专门的人员，保证监督工作有力、有序、有效开展。

第八章

行政复议

行政复议是为了防止和纠正违法的或者不当的具体行政行为,保护公民、法人和其他组织的合法权益,保障和监督行政机关依法行使职权。《行政复议法》及其《实施条例》较为详细地规定了行政复议的程序。虽然改革后公路管理机构遇到的行政复议案件大为减少,但作为专门的内设法治机构及其工作人员,仍然有必要学习和掌握行政复议的有关知识。

第一节　行政复议概述

行政复议制度的建立是加强民主,建立法治国家的重要举措,建立这一制度可以保护公民、法人和其他组织的合法权益,防止和纠正违法或不当的行政行为,监督和保障行政机关依法行使职权。

一、行政复议的概念

行政复议是指公民、法人或其他组织认为行政机关的具体行政行为侵犯其合法权益,按照法定的程序和条件向作出该具体行政行为的上一级行政机关或法定机关提出申请,由受理申请的行政机关对该具体行政行为进行复查并做出复议决定的活动。行政复议的概念包括以下几层含义:

(1)行政复议只能由作为行政相对人的公民、法人或其他组织提起。在行政复议中,做出具体行政行为的行政机关或法律、法规授权的组织只能作为被申请人。

（2）行政复议权只能由法定机关行使。行政复议是行政机关内部解决行政争议，出于司法公正的考虑，行政复议原则上所采取由上一级复议的原则，只有在某种特殊情况下才由原行为机关复议。

（3）行政复议对于公民、法人和其他组织是维护其合法权益的一种程序性权利，不得被非法剥夺，但公民、法人或其他组织可以自主处分自己的程序性权利，既可以提起行政复议，也可以放弃行政复议的权利。然而，当行政复议作为行政诉讼的前置程序，法律、法规要求必须先经过行政复议才能提起行政诉讼时，公民、法人或其他组织提起行政诉讼则必须先申请复议，如果放弃申请行政复议，就无权再提起行政诉讼。

（4）行政复议的对象原则上只能是行政机关做出的具体行政行为。行政相对人对行政机关制定的具有普遍约束力的规范性文件不服，只能在对具体行政行为提起行政复议申请时一并提出，而不能单独对抽象行政行为提起行政复议，要求行政复议机关予以审查。而且，对抽象行政行为附带要求审查，也只能是针对某种特定的规范性文件，而不是全部抽象行政行为。

二、行政复议的基本原则

行政复议有以下六种基本原则：

（一）合法性原则

依法行政是行政活动的根本原则，行政复议也不例外。合法原则指行政复议权的行使必须符合法律规定。这其中包括两方面内容：一是依法，复议机关进行复议活动应当依据法律、法规的规定；二是合法，复议机关进行复议工作要符合法律规定，不仅要符合程序法的规定，而且要符合实体法的规定。

（二）公正性原则

公正性原则是指复议机关在行使复议权时应当公正地对待行政复议的各方当事人，不能有所偏袒。行政复议是解决行政争议的法律活动，从解决纠纷的角度来说，公正是人们最根本的需求，尤其行政复议是在政府及其工作部门内部解决行政争议，更应当突出公正性原则。贯彻公正性原则要求复议机关在处理与下级行政机关的关系时应当注意分寸,不能袒护下级行政机关,要真正体现复议机关对下级行政机关的监督,纠正行政管理工作中的各种违法或不当活动。

(三)公开性原则

公开性原则是指行政复议工作应当公开进行,复议案件的受理、调查、审理、决定等环节,都应尽可能地向当事人及社会公开,使社会公众有机会了解复议活动的基本情况,避免因暗箱操作可能导致的不合理,甚至违法、腐败等现象。

行政复议工作的司法性是复议活动必须公开的主要原因。公开才能够确保公正,行政复议虽然实行书面复议,但复议过程中产生的主要案卷材料都应当对当事人公开,复议机关不得无故隐瞒。被申请人应当提出书面答复,并提交当初做出具体行政行为的全部证据、依据和其他有关材料,申请人有权了解,复议机关不得拒绝。

(四)及时性原则

行政复议作为在政府及其工作部门内部解决行政争议的途径,必须符合依法行政的一般要求,其中包含及时性的要求。与行政诉讼程序相比,行政复议更具案件办理的效率,作为行政诉讼的前置程序,尽可能快地做到案结事了是其应有要求。

及时性原则主要有以下内容:①受理复议申请应当及时。复议机关收到复议申请书后,应当及时对申请进行审查,以明确是否符合法定条件,如符合法定条件应及时受理。②复议案件的审理要按照审理期限审结案件。③做出复议决定应当及时。复议案件经审理后,复议机构应迅速拟定复议决定书,并报复议机关法定代表人尽速签发。④对复议当事人不履行复议决定的情况,复议机关应当及时处理,对做出具体行政行为的行政机关不履行复议决定的,复议机关应责成其履行,并追究或建议追究有关人员的行政责任。

(五)便民性原则

便民性原则是指复议机关在行政复议工作的各个环节和不同步骤上做到因地制宜,方便群众,尽最大可能使复议工作的开展真正成为人们日常生活中保护自己合法权益的较优选择,成为人们心目中经济、实用、有效的法律救济手段。复议制度的设立是为了方便行政相对人依法维护其合法权益,因此,在具体的行政复议程序中,复议机关应当为行政复议申请人提供便利条件,例如在申请人不能书写行政复议申请书的情况下,复议机关的工作人员应当把复议申请人的口述记录在案,请本人签名或盖章;能够书面审理解决问题的,尽量不增加当事人负担,采用其他方式办理。

(六)有错必纠原则

有错必纠原则是指行政复议机关在行政复议程序中,对被申请复议的具体行政行为进行全面的审查,不论是违法,还是不当,也不论复议申请人是否提出请求,只要发现有错误就应当予以纠正,这一点是行政复议不同于行政诉讼之处。行政复议制度是在行政系统内部解决行政争议的法律制度,行政系统的层级制的特点,决定了上级对下级的监督制约可以全面进行。这给有错必纠原则的确立和执行创造了条件,同时要求行政复议机关严格执法,公正办案,通过行政复议对下级或其所属的行政机关的行政执法活动实施全面有效的监督,因此必须在行政复议活动中坚持以事实为根据,以法律为准绳。

三、行政复议立法

我国行政复议制度始于新中国成立初期,有"行政复议"意思的最早规定,可追溯到1950年1月15日政务院批准、财政部公布的《财政部设置检查机关办法》。该办法第六条规定:"被检查的部门对检查机构之措施认为不当时,得具备理由,向其上级检查机构申请复核处理。"这里的"申请复核处理",究其实质具有行政复议的性质,但全文并没有"行政复议"字样。1950年12月15日政务院政务会议通过的《税务复议委员会组织通则》,第一次在法规上正式出现了"复议"二字,并明确规定了税务复议委员会的性质、任务及受案范围。这标志着我国的行政复议制度的建立。1989年《行政诉讼法》颁布后,为适应和配合行政诉讼制度的施行,国务院于1990年12月颁布了《行政复议条例》,并于1994年6月进行了修订。1999年4月29日,九届全国人大常委会第九次会议表决通过了《中华人民共和国行政复议法》,该法于 1999 年 10 月 1 日起施行,并经 2009 年、2017 年两次修正。2007 年 5 月 23 日,国务院第 177 次常务会议通过了《中华人民共和国行政复议法实施条例》,自 2007 年 8 月 1 日起施行。随着中国特色社会主义法治建设的不断推进,我国行政复议法律制度也将日益完善。

第二节 行政复议程序

公路管理机构在某些情况下可以作为被申请人或第三人参与行政复议程序。公路交通法治工作人员应当熟悉行政复议的程序。《行政复议法》及《行政复议法实施条例》对行政复议的程序做了较为详细的规定。下面从行政复议申请、行政复议受理、行政复议中的和解和调解、行政复议决定四个方面进行简要介绍。

一、行政复议申请

公民、法人或者其他组织认为具体行政行为侵犯其合法权益的,可以自知道该具体行政行为之日起 60 日内提出行政复议申请。因不可抗力或者其他正当理由耽误法定申请期限的,申请期限自障碍消除之日起继续计算。有权申请行政复议的公民死亡的,其近亲属可以申请行政复议。有权申请行政复议的公民为无民事行为能力人或限制民事行为能力人的,其法定代理人可以代为申请行政复议。有权申请行政复议的法人或者其他组织终止的,承受其权利的法人或者其他组织可以申请行政复议。同申请行政复议的具体行政行为有利害关系的其他公民、法人或其他组织,可以作为第三人参加行政复议。第三人不参加行政复议,不影响行政复议案件的审理。公民、法人或者其他组织对具体行政行为不服申请行政复议的,做出具体行政行为的机关是被申请人。申请人、第三人可以委托 1~2 名代理人代为参加行政复议。授权委托书应当载明委托事项、权限和期限。公民在特殊情况下无法书面委托的,可以口头委托。口头委托的,行政复议机关应当核实并记录在卷。申请人、第三人解除或者变更委托的,应当书面报告行政复议机关。申请人申请行政复议,可以书面申请,也可以口头申请;口头申请的,行政复议机关应当场记录申请人的基本情况、行政复议请求、申请行政复议的主要事实、理由和时间。

二、行政复议受理

行政复议机关收到行政复议申请后,应当在 5 日内进行审查,对不符合法律规定的行政复议申请,决定不予受理,并书面告知申请人;对符合法律规定,但是不属于本机关受理的行政复议申请,应当告知申请人向有关行政复议机关提出。除此以外,行政复议申请自行政复议机关收到之日起即为受理。公民、法人或者其他组织依法提出行政复议申请,行政复议机关无正当理由不予受理的,上级机关应当责令其受理;必要时,上级机关也可以直接受理。

行政复议期间具体行政行为不停止执行;但是,有下列情形之一的,可以停止执行:

(1)被申请人认为需要停止执行的。

(2)行政复议机关认为需要停止执行的。

(3)申请人申请停止执行,行政复议机关认为其要求合理,决定停止执行的。

(4)法律规定停止执行的。

三、行政复议中的和解和调解

公民、法人或者其他组织对行政机关行使法律、法规规定的自由裁量权做出的具体行政行为不服申请行政复议,申请人与被申请人在行政复议决定做出前自愿达成和解的,应当向行政复议机关提交书面和解协议;和解内容不损害社会公共利益和他人合法权益的,应当准许。

有下列情形之一的,行政复议机关可以按照自愿、合法的原则进行调解:

(1)公民、法人或者其他组织对具体行政行为不服申请行政复议的。

(2)当事人之间的行政赔偿或者行政补偿纠纷。当事人经调解达成协议的,行政复议机关应当制作行政复议调解书。调解书应当载明行政复议请求、事实、理由和调解结果,并加盖行政复议机关印章。行政复议调解书经双方当事人签字,即具有法律效力。调解未达成协议或者调解书生效前一方反悔的,行政复议机关应当及时做出行政复议决定。

四、行政复议决定

行政复议原则上采取书面审查的办法,但是申请人提出要求或者行政复议机关认为有必要时,可以向有关组织和人员调查情况,听取申请人、被申请人和第三人的意见。

行政复议机关应自行政复议申请受理之日起7日内,将行政复议申请书副本或者行政复议申请笔录复印件发送被申请人,被申请人应当自收到之日起10日内提出书面答复,并提交当初做出具体行政行为的证据、依据和其他有关材料。申请人、第三人可以查阅被申请人提出的书面答复、做出具体行政行为的证据、依据和其他有关材料,除涉及国家秘密、商业秘密或者个人隐私外,行政复议机关不得拒绝。

在行政复议过程中,被申请人不得自行向申请人和其他有关组织或个人收集证据。行政复议决定做出前,申请人要求撤回复议申请的,经说明理由可以撤回,行政复议终止。申请人撤回复议申请的,不得再以同一事实和理由提出复议申请。但申请人能证明撤回申请违背其真实意思表示的除外。申请人在申请行政复议时,一并提出对有关规范性文件的审查申请的,复议机关有权处理的,应在30日内依法处理;无权处理的,应在7日内按法定程序转送有权处理的行政机关,有权处理的行政机关应在60日内依法处理。处理期间,中止对具体行政行为的审查。行政复议机关在对被申请人作出的具体行政行为进行审查时,认为其依据不合法,本机关有权处理的,应在 30 日内处理;无权处理的,应在 7 日内按法定程序转送有权处理的国家机关处理。处理期间,中止对具体行政行为的审查。

行政复议期间有下列情形之一,影响案件审理的,行政复议中止:

(1)作为申请人的自然人死亡,其近亲属尚未确定是否参加行政复议的。

(2)作为申请人的自然人丧失参加行政复议的能力,尚未确定法定代理人参加行政复议的。

(3)作为申请人的法人或者其他组织终止,尚未确定权利义务承受人的。

(4)作为申请人的自然人下落不明或者被宣告失踪的。

(5)申请人、被申请人因不可抗力,不能参加行政复议的。

(6)案件涉及法律适用问题,需要有权机关做出解释或者确认的。

(7)案件审理需要以其他案件的审理结果为依据,而其他案件尚未审结的。

(8)其他需要中止行政复议的情形。中止原因消除后,应及时恢复案件审理。中止、恢复行政复议案件的审理,应告知有关当事人。

行政复议期间有下列情形之一,行政复议终止:

(1)申请人要求撤回复议申请,复议机关准予撤回的。

(2)作为申请人的自然人死亡,没有近亲属或者近亲属放弃行政复议权利的。

(3)作为申请人的法人或其他组织终止,其权利义务承受人放弃行政复议权利的。

(4)申请人与被申请人依照《行政复议法实施条例》第 40 条的规定,经准许达成和解的。

(5)申请人对行政拘留或者限制人身自由的行政强制措施不服申请行政复议后,因申请人同一违法行为涉嫌犯罪,该行政拘留或者限制人身自由的行政强制措施变更为刑事拘留的。依照《行政复议法实施条例》第 41 条第 1 款第 1 项、第 2 项、第 3 项规定中止行政复议,满 60 日行政复议中止的原因仍未消除的,行政复议终止。

行政复议机关应当对被申请人做出的具体行政行为进行审查,提出意见,经行政复议机关负责人同意或集体讨论通过后,做出行政复议决定。

(1)具体行政行为认定事实清楚,证据确凿,适用依据正确,程序合法,内容适当的,决定维持。

(2)被申请人不履行法定职责的,决定其在一定期限内履行。

(3)具体行政行为有下列情形之一的,决定撤销、变更或者确认该具体行政行为违法,决定撤销或者确认违法的,可责令被申请人在一定期限内重新作出具体行政行为:主要事实不清、证据不足的;适用依据错误的;违反法定程序的;超越或者滥用职权的;具体行政行为明显不当的。

(4)被申请人不按法定期限提出书面答复、提交当初做出具体行政行为的证据、依据和其他有关材料的,视为没有证据、依据,决定撤销该具体行政行为。

有下列情形之一的,行政复议机关应当决定驳回行政复议申请:

(1)申请人认为行政机关不履行法定职责申请行政复议,行政复议机关受理后发现该机关没有相应法定职责或者在受理前已经履行法定职责的。

(2)受理行政复议申请后,发现该行政复议申请不符合行政复议法及其实施条例规定的受理条件的。上级机关认为行政复议机关驳回行政复议申请的理由不成立的,应当责令其恢复审理。

申请人在申请行政复议时可以一并提出行政赔偿请求,行政复议机关对符合国家赔偿法的有关规定应当给予赔偿的,在决定撤销、变更具体行政行为或者确认具体行政行为违法时,应当同时决定被申请人依法给予赔偿。申请人在申请行政复议时没有提出行政赔偿请求的,行政复议机关在依法决定撤销或者变更罚款等具体行政行为时,应当同时责令被申请人返还。

行政复议机关应当自受理申请之日起60日内做出行政复议决定。情况复杂,不能在规定期限内做出行政复议决定的,经行政复议机关负责人批准,可适当延长,并告知申请人和被申请人;但是延长期限最多不超过30日。行政复议机关做出行政复议决定,应当制作行政复议决定书,并加盖印章。行政复议决定书一经送达即生效。

被申请人不履行或者无正当理由拖延履行行政复议决定的,行政复议

机关或者有关上级机关应当责令其限期履行。申请人逾期不起诉又不履行行政复议决定的,按下列情况分别处理:

(1)维持具体行政行为的行政复议决定,由做出具体行政行为的行政机关依法强制执行,或者申请法院强制执行。

(2)变更具体行政行为的行政复议决定,由行政复议机关依法强制执行,或者申请法院强制执行。

第三节　行政复议案卷

对行政复议参加人来说,行政复议案卷是参与办理行政复议案件过程中全部情况的真实记录,包括涉及的所有法律文书以及与案件有关的证明材料,也是检验行政复议办案人员相关工作是否符合法定要求的历史资料,不仅可以对以往复议工作加以总结,还可以为今后的工作提供借鉴和指导。因此,做好行政复议案卷的管理工作十分必要,公路交通法治人员在参与办理复议案件过程中,应当加强行政复议文书材料立卷归档工作的管理,有效地保护和利用复议案卷。

一、行政复议案卷管理要求

第一,重视复议案卷的真实性。案卷是参与办理某一具体行政复议案件的真实记录。无论是本单位提供的证据材料,申请人、被申请人提交的材料副本,还是复议机关调查取得、允许复制的材料,都要按照要求如实入卷归档,不能随意增删,更不得擅加改动。对不能取得又不能复制的证物、资料,可以书面记载其具体内容和出处。

第二,重视复议案卷的完整性。凡是复议程序中生成、参与办案人员合法取得的文件资料、音频视频资料等,都要按照一定顺序全部入卷归档。整个案卷要力求做到文书种类齐全、相关材料完整。案卷可以根据某一案件的材料多少,装订成册。一件案卷可以是一册,也可以是多册,但必须能够反映整个案件的全过程。既不能与其他案件的材料装订在一起,也不能随意将办案中的有关材料剔除,使其残缺不全。

第三,重视复议案卷的规范性。卷宗质量的好坏取决于我们在办案的每个环节是否都按规范的要求操作,包括从受理、审理到决定、送达等整个过程。这就要求我们的复议案卷要做到一案一卷,使用规范的卷宗封面,卷内目录填写规范,字迹清楚,卷内材料排列有序、完整,卷内页码编写有序,对卷内文字使用钢笔或碳素笔书写。卷内装订的纸张无破损,整卷材料装订整齐无金属物等。

第四,重视复议案卷的存储性。由于案卷是记载了某一具体案件办理过程中的详细材料,它是一定时期行政复议工作的历史资料档案,便于查阅、利用,接受上级机关的检查,因此,必须按照《档案法》要求,及时转交本单位档案管理部门,认真做好案卷保存。日常工作中应当制定各种必须的案卷保存制度,加强案卷管理。

第五,重视复议案卷的可利用性。案卷的真实、完整、规范,就有一定的可利用性,在开展法治宣传和复议工作交流、培训时,通过对一些具体、真实的案例进行解剖、分析,对提高我们的业务水平,会起到事半功倍的效果。同样,通过接受有关各级领导机关的监督、检查,接受依法查阅,也会大大提高我们的依法行政形象,有利于推进各项工作的法治化进程。

二、行政复议文书立卷归档办法

一般情况下,行政复议案件文书立卷归档工作由案件承办人员具体负责,法治机构负责人为立卷审核人。法治机构在收到参加行政复议活动的通知后,案件承办人员即开始收集、整理与本案有关的证据、依据和相关材料,在案件办结以后,要认真检查该案的文书材料是否收集齐全,若发现案件文书材料不完备,应当及时补齐或采取补救措施,并剔除与本案无关的文书材料。行政复议案件文书立卷,实行一案一卷,一案一号制度,按照方便利用、利于保密等原则,单独立卷。

行政复议案件文书指行政复议案件从受理、审查到结案所形成的法律文书、公文、函电、图片等。各类行政复议案件文书必须用国际标准 A4 型纸。书写材料应符合档案保护要求(如用碳素墨水、蓝黑墨水或墨汁)。打印件,必须用钢笔、毛笔签字或盖章。立卷归档的行政复议案件文书材料,只留存一份原件立卷为正本,多余的决定书及其他文书材料,可以另立一卷为副本,副本可按正本收录文书材料立卷,缺者可复印补足。

行政复议案件文书材料的排列顺序(供参考):

(1)案卷封面。

(2)卷内目录。

(3)行政复议决定书,或行政复议调解书,或行政复议和解协议书(正件及原件)。

(4)规范性文件审查处理决定。

(5)行政复议终止通知书(正件及原件)。

(6)行政复议案件受理审批表。

(7)行政复议申请受理通知书。

(8)责令受理或直接受理通知书。

(9)补正行政复议申请通知书。

(10)行政复议申请书。

(11)申请人提交的证据清单及证据材料。

(12)申请人和委托代理人的身份证明及授权委托书。

(13)行政复议申请答复通知书。

(14)行政复议答复书。

(15)被申请人提交的证据清单及证据材料。

(16)被申请人的法定代表人和委托代理人的身份证明及授权委托书。

(17)第三人参加行政复议通知书。

(18)第三人提出的书面意见书。

(19)第三人提交的证据清单及证据材料。

(20)第三人和委托代理人的身份证明及授权委托书。

(21)规范性文件处理转送函。

(22)停止执行通知书。

（23）行政复议案件延期审批表、决定延期通知书。

（24）行政复议中止及恢复审查通知书。

（25）行政复议询问、调查笔录及调查核实的相关材料。

（26）行政复议案件请示、报告、处理建议及批复等材料。

（27）责令履行通知书。

（28）各种行政复议文书的送达回证。

（29）强制执行申请书。

（30）行政复议建议书。

（31）行政复议案件备考表（封底）。

卷内文书材料按排列顺序，依次用阿拉伯数字编写页号，页号应填写在有文字的每页材料正面的右上角、背面的左上角。封面、卷内目录、备考表（封底）不编号。卷内目录应当按行政复议案件文书材料排列顺序逐件填写，卷内目录由顺序号、文号、责任者、题名、日期、页号、备注等项目组成。案卷封面按规定逐项填写。行政复议机关应写全称，案由要用简明、准确的法律述语填写，申请人、被申请人、第三人应当写全称。复议请求、结果、日期，应根据案件实际简单、明确地填写。案卷封面、卷内目录要用钢笔或毛笔按规定项目逐项填写齐全或用微机打印，字迹要规范、工整、清楚，打印编排要符合规范要求。

随卷归档的音像材料等，按音像档案管理办法整理。凡纸张类的证物，均应装订入卷，不能随卷保存的应当拍照片附卷，原物按有关规定经领导审批后处理。《备考表》印制在封底上。有关卷内文书材料的情况说明，应当逐项填写在备考表内，若无情况说明，也应将立卷人、审核人的姓名及立卷时间填上，以示负责。卷内文书材料涉及国家机密和个人隐私的，应当列为密卷，归档时在案卷封面右上角加盖密级章。密级的确定、变更、解密，依照《中华人民共和国保密法》及其实施办法的规定办理。

案卷装订前应当注意下列事项：

（1）破损或字迹模糊的文书材料应修补或复制，复制件应置于原件前面。

（2）大于A4标准规格的纸张应折叠，小于A4标准规格的纸张应托裱。

（3）案卷装订不得压住字迹或图画。

（4）需要附卷保存的信封，要打开展平加贴衬纸，邮票不得撕揭。

（5）外文及少数民族文字材料应附汉语译文。

（6）文书材料上的金属物必须剔除，以防锈蚀。每卷的厚度以不超过15毫米为宜。材料过多的，应当按顺序分册装订。案卷采用三孔一线左侧装订，长度160毫米左右为宜，并在卷底装订线结扣处粘贴封志。装订时不得把文字订在线里。

行政复议案件立卷后，向本单位档案部门移交。案卷排列按保管期限至结案时间的顺序进行。即先将案卷保管期限分为永久、长期、短期三部分；每一种保管期限的案卷按结案时间顺序排列。各级行政复议机关应建立档案保管、保密、借阅利用等制度，指定专人负责行政复议档案的管理。

第九章

涉路诉讼

近年来,各地的公路管理机构都遇到了大量的涉路诉讼案件,其中,以民事诉讼案件居多,因行政管理等工作引发的行政诉讼案件也时有发生。应诉工作在公路交通法治工作中的重要性日益凸显,如何进行积极有效的应对,成为广大公路交通法治工作者面临的一大课题。

第一节 涉路诉讼概述

随着公路事业的飞速发展,各类涉路诉讼案件层出不穷,其中以民事诉讼案件居多,因行政管理工作引发的行政诉讼案件也时有发生。这些涉路诉讼呈现以下几个特点:

一、发案率呈上升趋势,案件性质以民事为主

近年来,很多地方的公路管理机构都有一种"官司缠身"的感觉,诉讼案件发案率呈上升趋势。在这些案件中,以民事诉讼居多,主要有以下七类:①因交通标志标线等公路设施的设置、管理、维护存在瑕疵引发的人身、财产损害赔偿纠纷;②因各种路面障碍物引发的人身、财产损害赔偿纠纷;③因工程建设、养护作业等施工路段管理瑕疵引发的人身、损害赔偿纠纷;④在高速公路运营管理中发生的各类诉讼案件,例如"高速公路不高速""行人上高速引发事故"等;⑤人事争议和劳动纠纷,另外还有民工通勤等特殊情况引发的纠纷;⑥各类合同纠纷,例如工程承包、物资购销、服务区承包等合

同纠纷;⑦公路设施损害赔偿纠纷。除了这些民事案件外,因行政管理工作引发的行政诉讼也时有发生。

二、大案、复杂案件渐多

大案、复杂案件主要包括:①诉讼标的额大,动辄数万元,多则上百万;②同一案件诉讼主体多,有的多个原告,有的多个被告,还有第三人等;③法律关系复杂,例如有的案件同时涉及道路交通事故损害赔偿、地面施工致人损害赔偿、行政赔偿等多个法律关系;④案情复杂,例如连环事故导致的公路设施损害赔偿案件等;⑤社会影响大,尤其是高速公路运营管理中发生的诉讼纠纷,经常成为媒体聚焦的热点;⑥有些案件涉及人身伤亡,或者当事人经济困难,公路管理机构往往遇到来自各方面的压力。

三、涉路诉讼应对机制不完善,赔付率居高不下

由于一些地方的公路交通法治工作比较薄弱,涉路诉讼应对机制也不甚完善,这样就导致被诉案件赔付率(承担赔偿责任的比例,不同于败诉率)居高不下。要改变这种情况,必须有针对性地科学防范、积极应对:①安排具有较高法律水平和一定诉讼经验的人员负责应诉工作,并鼓励法治工作人员报考相关业务资格证书,例如法律职业资格考试等,切实提高应诉水平。②做好诉讼案件办理过程中的基础性工作,包括把握阅卷技巧、全面收集证据、及时提交证据、做好庭审质证等,同时与司法部门保持良好的工作关系。③结合具体案情,根据判决、调节、和解等结案方式产生的不同影响,权衡利弊、选择有利的纠纷解决方式。④加强日常工作管理,增强安全意识和法律意识,科学防范诉讼风险,降低诉讼案件发案率。⑤提高案件办理的综合效能,在努力减少经济损失的同时,维护好公路部门的社会形象。

第二节　民事诉讼

公路管理机构遇到的民事诉讼，既包括作为被告的应诉，也包括作为原告的起诉。由于近年来因公路施工、养护作业致人损害案件比较多，因此就以公路施工致人损害案件（在法学理论上归属于地面施工致人损害案件，特殊侵权民事案件的一种）为例谈谈有关诉讼技巧。

一、及时固定证据

事故发生后，受害人需要治疗、鉴定，不能立即起诉，有时甚至事隔数年之久才诉诸法律。但施工现场的安全设施不可能一直保持原样，即使保持原样，也难证明这就是事发当时的情况。面临证据容易灭失、以后难以取得的局面。在严格的举证责任制度下，就要注意及时保留和固定证据。

事故发生后，相关单位应当在第一时间了解情况，在妥善处理有关事宜的同时，查看标志和防护措施是否符合要求，并通过录像、拍照等方式将证据固定下来。但是照片和视听资料的真实性易遭质疑，所以还应及时对了解现场情况的人员有一个详细掌握，这实际上就是证人资源。必要时，可以通过公证固定相关证据。在诉讼中，也可以向法院申请证据保全，但不得迟于举证期限届满前七日。

二、把握阅卷技巧

开庭前，至少要进行两次阅卷。

第一次阅卷在分析起诉状之后进行。对起诉状的分析，应侧重事故的性质，是否由施工引起，是否设有明显标志和采取安全措施，有无承包关系，有无交通事故认定。初步掌握情况后，就可以与法官联系阅卷。阅卷的目的有两个，一是了解法院没有送达的材料，另一个是与法官有一个较早的沟通。

第二次阅卷在对方举证期限届满时进行。在法院指定举证期限的情况下,原告的举证期限一般早于被告届满,因此有必要通过第二次阅卷掌握对方在举证期限内新补充的证据,这样可以进一步了解案情,同时有助于在接下来的开庭过程中及时甄别对方提供的证据是否超过举证期限。第二次阅卷时,还可以与法官做进一步的交流。

三、全面收集证据

民事诉讼证据有七种:书证、物证、视听资料、证人证言、当事人陈述、鉴定结论、勘验笔录。可以将此作为证据收集提纲,在已进行的证据保全、固定工作的基础上,根据阅卷情况全面收集证据。

书证包括施工通告、工程承包合同、交通事故认定书、相似案例的生效判决书或仲裁裁决书、保全证据的公证书等。物证包括警示牌、施工路栏、锥形交通标、警示灯、旗帜等。对物证,可以通过有效形式固定,必要时应提交原物。对视听资料、照片要结合其他证据以加强证明力。如有证人出庭,应在举证期限届满 10 日前申请。原告在起诉状中所作的有利于被告的陈述,也是很好的证据。交警等部门出具的鉴定结论、勘验笔录有时可以用于证明对方有过错。如需法院取证,应于举证期限届满七日前提出申请。

四、及时提交证据

证据材料应在法院指定或各方协商并经法院认可的举证期限内提交,否则会被视为放弃举证权利。如果在举证期限内提交证据确有困难,应在举证期限内申请延期举证。提交证据时,应将证据材料逐一分类编号,对证据来源、证明对象和内容作简要说明,签名盖章,注明提交日期。

一审举证期限届满后新发现的证据、因客观原因无法在举证期限内提供且在延长的期限内仍无法提供的证据、一审庭审结束后新发现的证据、二审法院依申请调取的证据、判决生效后新发现的证据,属于法律规定的"新的证据"。在一审和二审中提交新的证据,应在开庭前或开庭审理时提出;二审不需要开庭审理的,应在法院指定的期限内提出;再审中提交新的证据,应在申请再审时提出。

五、做好庭审质证

庭审质证应围绕以下重点问题进行:事故是否属实、施工人是否确定、标志措施是否符合要求、对方有无过错及过错大小、损失是否属实、起诉是否超过时效、证据提交是否超过举证期限等。

对我方提交的证据,应当相互结合起来予以充分说明,尤其是对视听资料、照片,更要注意与证人证言等相互印证,以弥补其固有弱点。举证说明应当具有逻辑性,使所有证据以证据链的形式展现出来。当庭审中出现新的情况,需要补充新的证据时,要及时向法庭提出。

就对方的证据,可以围绕其真实性、关联性、合法性方面存在的问题,针对证明力有无以及证明力大小进行质证。对于疑点较多的事故,可以从对方证据之间的矛盾着手,例如对证人可以有准备地发问,找到其证言之间不一致的地方,同时结合我方的反证进行质疑与辩驳。

第三节 两起涉路民事诉讼案件胜诉启示

笔者曾受某公路管理机构委托,作为代理人参与办理了两起涉路诉讼案件。这两起案件都是道路交通事故受害人以公路养护与管理存在瑕疵为由,起诉至人民法院,要求公路管理机构承担赔偿责任。受案法院经过开庭审理,先后判决公路管理机构胜诉。一审宣判后,两案原告及其他当事人均未提起上诉,判决生效。

一、简要案情

2007 年 8 月 18 日,甲驾驶轿车沿 A 道路由西向东行驶时,与沿 B 公路由南向北行驶的乙驾驶的轿车在两条道路的平交道口处相撞,导致双方车辆不同程度损坏,两车驾驶员及乘车人不同程度受伤。交警部门在《交通事故认定书》中认定:驾驶员甲负事故主要责任,乙负次要责任,两车乘车人对该事故不负责任。事故发生后,与甲同行的两位乘车人(其中一人构成 X 级伤残)以"公路管理机构对其管理的公路疏于管理,公路交通标志不健全"为由,将公路管理机构起诉至法院,要求与对方驾驶员连带赔偿各项损失 7 万余元。

2009 年 4 月 25 日,丙驾驶二轮摩托车沿 C 公路由北向南驶经 C 公路与 D 道路(东西走向)的平交道口时,在该道口一处凹坑侧翻摔倒,骑车人受伤入院,后经鉴定构成 IX 级伤残。交警部门就该事故出具了《道路交通事故证明书》,认定为单方事故。此后,丙将公路管理机构及 D 道路的主管单位诉至法院,以"被告作为事发路段的产权单位和维护管理单位,对该路段有维护管理的义务,应确保行人的安全,现因该路段严重凹坑瑕疵发生交通事故,至原告受伤"为由,要求赔偿各项损失 7 万余元。

二、案件分析

纵观这两起案件,有以下明显特点:

第一,诉讼案件都由交通事故引发,尽管交警部门的事故认定结论均未提到道路主管单位的责任,但对方当事人在起诉状中都把道路管理单位未尽职责列为交通事故发生的原因。

第二,涉案交通事故的发生地点都是公路与其他道路的平交道口处。

第三,诉讼案件都涉及路面技术状况、交通标志等问题,原告均认为道路疏于管理,存在管养瑕疵。

第四,除公路管理机构外,还有交通事故另一方当事人或者其他道路主管单位作为共同被告。

第五,法院将两起案件都作为特殊侵权民事案件受理,适用举证责任倒置原则,一定程度上增加了被告应诉难度。

第六,两案均为人身损害赔偿案件,原告方都已构成不同程度伤残,经济损失较大,所以案件办理既要考虑诉讼效果,又要兼顾社会效果。

三、调查取证

基于案情分析,我们认为案子的关键在于确定事故发生地点是否在我方管辖的公路上,以及该路段的标志标线是否规范、齐全,是否存在坑槽。为此,我们迅速赶到交警部门,持代理手续调阅了有关卷宗,复制了现场勘查照片等材料。根据交警部门提供的资料,我们确定了事故发生的具体位置。第一起案件中,现场照片能够证明,事故发生时我方所辖 B 公路路口处已设置了十字交叉路口标志、道口标柱(示警桩)、减速震荡线、人行横道线等标志标线,不存在疏于管理的情况。与 B 公路交叉的 A 道路则无相应标志标线,但该道路不属我单位管辖。根据照片提示,我们又到事故发生地进一步确认,并拍照留存。

第二起案件中,交警部门提供的照片显示,事发地确实存在一个凹坑,但是经过现场测量,该凹坑位于路口南北两侧 C 公路路缘石连接线外侧大约 2 米处,也就是说,凹坑位于 D 道路的路面上。又经对凹坑进行多角度拍照,以作证据提交。经过调查取证,初步断定,两起案件中公路管理机构均无过错,不应承担责任。

四、出庭应诉

在第一起案件的庭审过程中,从 A 道路不属公路管理机构管辖,B 公路标志标线齐全,公路管理机构不是交通事故当事人,原告损失应由两车驾驶员及其保险公司承担,原告不起诉所乘车辆的驾驶员则该部分责任不应由他人承担等多个方面进行了答辩。法庭调查阶段,笔者当庭提交了交警部门提供的现场勘查照片一组以及我方在开庭前拍摄的事故发生路段照片一组,为我方的主张提供了充分的证据支持。

法院经审理认为,原告未提供证据证明交通事故的发生与公路的管理瑕疵存在因果关系,故对原告请求公路管理机构承担赔偿责任的诉讼请求不予支持,判决驳回原告对公路管理机构的诉讼请求。

在第二起案件审理过程中,主审法官在归纳诉辩焦点和法庭调查围绕的重点问题时,未涉及凹坑位置。笔者当即提出,应当对凹坑所在的具体位置进行调查,这是解决此案的关键问题之一。这一提议获主审法官同意,并于休庭后召集当事各方到事发地点做了勘查,最终确定凹坑在 D 道路的路面上,距 C 公路路面外缘 2.3 米。但是出人意料的是同为该案被告的 D 道路主管单位代理律师当庭否认凹坑的存在与其有关,理由是 C 公路为主干路,先于 D 道路而存在,凹坑所在位置系 C 公路的公路用地和建筑控制区,由公路管理机构负责管理。我方对此做了有力反驳,并补充提交了一系列证据,包括政府关于 D 道路整治拨款的文件、D 道路主管单位官网关于该道路整治工作开展情况的宣传稿件等资料。

法院经审理认为,涉案路段系由 D 道路主管单位修建并使该道路与 C 公路相衔接,即涉案位置是一条道路而非路肩、水沟等,公路管理机构对涉案路段无管理维护职责,判决原告损失由 D 道路主管单位赔偿,驳回原告要求公路管理机构承担赔偿责任的诉讼请求。

五、胜诉启示

这两起案件的胜诉,给了我们几点启示。

第一,在日常工作中要认真履行公路管养职责,完善公路交通标志、标线,及时修补路面坑槽,使公路保持良好的技术状态,确保公路完好、安全、畅通,有效防范法律风险。

第二,在涉路诉讼案件中坚持以事实为依据、以法律为准绳,积极维护路产路权。同时,还要注意案件办理的社会效果。例如,在上述两起案件的调解阶段,如果任何一方不同意调解,整个案件就无法通过调解结案,为此我方同意在不承担任何责任的前提下进行调解,这样就不会影响其他各方当事人通过调解来解决纠纷。但遗憾的是其他当事方最终并没有达成一致。但这一诉讼技巧的应用,得到了法官和原告方的肯定。

第三,建议地方政府和有关部门进一步加大政务公开力度,对各类交通设施的管理维护主体和职责进行详细公示。在第一起案件审理过程中,对方代理律师甚至主张应由我方举证证明公路管理机构不是 A 道路的管养主体。我方当即反驳,这已超出被告的举证义务范围,所谓举证责任倒置,仅限于公路管理机构在所辖路段中的管养有无缺陷,即在本案事故的发生过程中有无基于职责履行方面的过错,而没有法律上的义务为原告查找其他道路的管养主体,以及进一步求证该道路管养是否存在瑕疵。法院支持了我方观点。但是在第二起案件审理过程中,由于 D 道路主管单位的代理人数次当庭否认事发路段由该单位负责管养,所以我方必须充分举证,还事实以真相。目前,各类道路管养单位众多,有的路段甚至存在多个管理主体,公众如果不能确切地了解这些信息,将不利于有效地开展社会监督,基于道路原因发生事故后需要寻求法律救济的时候也会遇到困难。因此建议地方政府和有关主管部门对道路管养职责的划分进行较为详细的公示,这也是政务公开的基本要求。

第四节　行政诉讼

公路管理体制改革后,公路管理机构遇到的行政诉讼渐少,但在某些领域仍有可能作为被告或第三人参加行政诉讼。行政诉讼是通过司法审查来认定具体行政行为是否违法,以明确行政机关应当承担的法律责任,是社会监督行政管理活动的重要途径之一。因此,掌握基本的行政应诉知识和技巧,对于做好行政应诉工作非常重要。

一、行政诉讼基本法律知识

(一)审查对象

第一,行政诉讼中人民法院审查的对象是具体行政行为,而不是抽象行政行为或内部行政行为。所谓具体行政行为,就是指行政机关针对特定人或单位作出的规定其特定权利义务的行政行为,例如行政机关查处超限运输车辆擅自行驶公路的行为等。抽象行政行为即行政机关向不特定对象发布的,要求全社会普遍遵守的规范的行为。对抽象行政行为,行政相对人不能向法院提起诉讼。法院在审查具体行政行为是否合法时,对其所依据的规范性文件是否合法做出判断,这可以视为对抽象行政行为的间接审查,但抽象行政行为不是行政诉讼的直接审查对象。

第二,被诉具体行政行为可能侵犯了原告的合法权益,即该具体行政行为与原告之间存在法律上的利害关系。否则原告不能对该具体行政行为提起诉讼。

(二)审查内容

行政诉讼中,法院审查的内容是具体行政行为的合法性,而不是合理性。法律、法规赋予行政机关在一定范围内享有自由裁量权,例如对某种违法行为的行为人进行处罚,法律仅规定了罚款的幅度,行政机关应当根据具体情况在该幅度内确定一个具体的数额。对行政机关的这种自由裁量权,法院原则上不予干涉,其运用得适当与否,一般通过行政复议程序来认定。但是,如果行政机关做出的行政处罚"显失公正",法院可以判决变更。因为这种"显失公正"已经不仅仅是一个合理性范畴,因此变更判决并不违反"具体行政行为合法性审查原则"。

(三)审理依据

《行政诉讼法》规定,人民法院审理行政案件,以法律和行政法规、地方性法规为依据。地方性法规适用于本行政区域内发生的行政案件。人民法院审理行政案件,参照规章。所以,规章以下的规范性文件,如地方政府或各部门制定的规范性文件,不能作为司法审查的法律依据。但是,在法律、法规和规章基础上制定的,对法律、法规和规章中的一些内容进行具体细化的规范性文件,也是认定行政机关具体行政行为是否合法的依据之一。例如省级交通运输主管部门制定的超限运输处罚标准,可以作为行政处罚行为是否显示公正的一个重要参考依据。

(四)举证责任

行政诉讼中实行举证责任倒置原则,不同于民事诉讼中的"谁主张、谁举证"原则。根据行政诉讼法律规定,当原告提出被告的具体行政行为违法时,原告不需要对其违法性进行举证,而应当由被告对其作出的具体行政行为的合法性进行举证,提供作出该具体行政行为的证据和所依据的规范性文件。但在行政案件起诉阶段,原告必须证明被告的具体行政行为的存在。

二、庭审前的准备工作

(一)确定应诉人员

按照《行政诉讼法》的规定,出庭应诉时,法定代表人可直接参加,也可委托1~2名代理人代为应诉,目前一般要求行政诉讼的被告方至少要有一名负责的领导出庭应诉。涉及公路管理机构的行政诉讼案件,公路交通法治机构作为专门的工作机构,负有承担或参与应诉的职责。在确定了应诉人员后,应向人民法院提交由委托单位盖章的授权委托书,委托书应当载明委托事项和具体权限。解除或者变更委托的,应当书面报告人民法院。

(二)全面了解案情,做好出庭准备

第一,查看起诉状副本,了解原告的诉讼请求。

第二,调取与具体行政行为有关的案卷,了解案件处理全过程,重点审查证据、定性、适用法律法规及办案程序,对全案情况做到心中有数。

第三,对照法律法规看法院是否有案件管辖权、原告起诉是否超过了诉讼时效,如存在以上问题,应及时向法院提出。

第四,写好答辩状,对原告提出的事实、理由和请求要逐一论证、逐一辩驳,表明自己的观点,并于收到起诉状副本之日起15日内向人民法院提交答辩状。

第五,自收到起诉状副本之日起15日内提供做出具体行政行为的证据、依据,不提供或无正当理由逾期提供的,就可能被法院认定具体行政行为没有证据、依据,从而导致败诉。

三、庭审程序中需要注意的问题

（一）积极履行举证义务

举证,是行政诉讼庭审调查过程最重要的一个阶段,行政应诉人员必须把握以下几条:

(1)当庭举证。所有的诉讼证据必须经过质证程序才能作为定案的依据,因此,应诉人员必须将全部拟提交证据当庭出示。

(2)举证思路要清晰。举证过程中,必须将诉讼证据按一定的顺序,逐一向法庭展示,便于法庭对案情的了解。

(3)举证要客观全面。证据本身必须真实可靠,对证据之间客观存在的矛盾不应回避和掩饰,举证使用的证据应当全面完整,并能根据具体案情,全方位多角度地有效运用证据。

(4)举证要合乎逻辑。证据本身,有时难以充分体现逻辑性,需要经过应诉人员当庭进行认真排列组合,形成一个锁链和整体,才可以体现出应有的逻辑性特点。

(5)举证要具有针对性。应对被诉具体行政行为所依据的事实、所适用的法律法规、是否符合法定程序以及合理性进行有针对性的有效举证。

（二）认真参与法庭辩论

法庭辩论,是指在审理案件过程中诉讼双方就法庭调查的事实和证据如何认定、如何适用法律等问题,在法庭上进行争论和反驳。在法庭辩论阶段,应诉人员要注意以下几个问题:

(1)针对对方的观点做到说理全面。应诉人员必须针对对方主张的内容进行辩论,要以事实为根据,以法律为准绳,要立论有据,言之有理。

(2)情理结合,法庭辩论不是你争我夺,有时还要动之以情,晓之以理,从同角度进行努力,来实现诉讼目的。

(3)语言精练。辩论的语言要简洁、生动、明了,不说与案情无关的话,少说套话。

(4)做到观点有依据、事实有证据。辩论过程中,应诉人员要做到陈诉意见、反驳对方符合实际、有理有据,这样才能令人信服。

四、判决后的几个问题

第一,依法行使上诉权。《行政诉讼法》规定,当事人不服人民法院第一审判决的有权在判决书送达之日起 15 日内向上一级人民法院提起上诉。如果发现一审判决在认定事实、适用法律或程序上确有错误并导致错判的,应当及时提出上诉。

第二,依法行使申诉权。《行政诉讼法》规定,当事人对已经发生法律效力的判决、裁定,认为确有错误的,可以向原审人民法院或者上一级人民法院提出申诉,但判决、裁定不停止执行。最高人民法院《关于执行〈中华人民共和国行政诉讼法〉若干问题的解释》规定:"当事人申请再审,应当在判决、裁定发生法律效力后二年内提出。"申诉权是当事人的一项重要的诉讼权利,如果认为已经生效的判决确有错误,应当及时提出申诉。

第三,自觉履行人民法院做出的生效判决裁定。《行政诉讼法》规定,当事人必须履行人民法院发生法律效力的判决、裁定。国务院《全面推定依法行政实施纲要》也规定:"对人民法院依法做出的生效的行政判决和裁定,行政机关应当自觉履行。"所以公路管理机构在行政诉讼中要自觉履行人民法院作出的生效判决、裁定,不要人为制造障碍,阻碍正常的司法程序。

第五节　诉讼卷宗

一、案卷封面

应写明该案卷所属公路管理机构全称,注明审级,案号、案由按照裁判文书上填写,"原告""被告""第三人""代理人"的称谓应注明,当事人的姓名、法人名称要与卷内判决书(调解书、裁定书)所列姓名或名称相符,有多个当事人的,应在填写主要当事人后面用"等"代替,但要注明人数。用大写汉字注明该案卷共几册,本册是第几册,正、副卷分别计算。写明办理结果、结案日期、归档日期、保管期限。

二、卷内目录

卷内目录按卷内诉讼文书材料排列顺序填写或打印。每件诉讼文书编一个顺序号,填写的诉讼文书名称既能反映文书内容又不与同卷其他文书名称雷同,便于比对查找,填写文件的起止页号,卷内文件凡有字迹、内容的页面均应编上页号,正面编在右上角,背面编在左上角,封面、封底、卷内目录不编页号,但应计入总页数,目录最后要注明"本卷从面到底共××页"(数字用大写汉字),并加盖立卷人名章。

三、诉讼文书

卷内本单位制作的诉讼文书应当使用标准 A4 办公纸,并用毛笔或黑、蓝黑钢笔书写或打印。诉讼文书应按规定的格式制作。诉讼文书材料的排列顺序,原则上是按照诉讼程序形成文书的时间顺序,兼顾文件之间的逻辑关系进行排列。以下排列顺序供参考:

(一)民事一审案件诉讼文书材料的排列顺序

①卷宗封面;②卷内目录;③起诉状;④受理通知书;⑤缴纳诉讼费或免费手续;⑥应诉通知书;⑦答辩状;⑧授权委托书、法定代表人身份证明;⑨原、被告举证材料;⑩法院取证材料(可于阅卷时复制);⑪撤诉申请书;⑫开庭传票;⑬开庭笔录;⑭代理词;⑮判决书、调解书、裁定书正本(和解后撤诉的,附和解协议);⑯卷底。

(二)民事二审案件诉讼文书材料的排列顺序

①卷宗封面;②卷内目录;③原审法院判决书、调解书、裁定书;④缴纳诉讼费或免费手续;⑤上诉状;⑥答辩状;⑦授权委托书、法定代表人身份证明;⑧证据材料;⑨撤诉申请书;⑩开庭传票;⑪开庭笔录;⑫代理词;⑬判决

书、调解书、裁定书正本;⑭卷底。

行政诉讼案卷中的诉讼文书可参照以上顺序进行排列。

四、卷宗装订

卷宗装订前,要对诉讼文书材料进行全面检查,材料不完整的要补齐,破损或褪色的要修补、复制。订口过窄或有字迹的要粘贴衬纸。纸张过大的材料要修剪折叠。加边、加衬、折叠均以 A4 办公纸为准。对于字迹难以辨认的材料,应附上抄件。外文及少数民族文字材料应附上汉语译文。需要附卷保存的信封,要打开展平加贴衬纸,邮票不得取掉。文书材料上的金属物必须剔除干净。每卷的厚度以不超过 15 毫米为宜。材料过多的,应按顺序分册装订。卷宗必须用线绳三孔一线装订。长度以 160 毫米左右为宜。并在卷底装订线结扣处粘贴封志,由立卷人及档案管理部门加盖骑缝章。

第十章

涉路法律风险防范

涉路法律风险是指在公路交通工作中,由于没有严格遵守法律,或者没能有效运用法律维权,从而导致工作中出现法律漏洞,以及由此引发的不利情况。这种不利情况既包括不必要的法律义务的承担,也包括违反了法律义务的后果,即法律责任。积极研究应对措施,降低法律风险,尤其是做好施工现场管理、行政管理、合同管理中的法律风险防范,具有重要意义。

第一节　涉路法律风险概述

为了避免各类法律风险给我们的工作带来损失,在公路交通法治工作中应当注重科学防范各类法律风险。

一、风险和涉路法律风险

风险一词来源于意大利古语的 riscare 和法语的 risque,产生于早期的航海贸易和保险业中。它是指在某一特定环境下,在某一特定时间段内,某种损失发生的可能性。风险是由风险因素、风险事故和风险损失等要素组成的。换言之,在某一个特定时间段里,存在的不稳定、不安全、不利于发展的因素,或者人们所期望达到的预期目标与最终出现的结果之间产生的距离,称之为风险。例如:企业投入一大笔资金承揽项目,结果损失殆尽;农民预期某种作物涨价而大面积种植,结果市场发生波动导致全部投入无法收回;等等。这样的例子不胜枚举。

但是,对于法律风险,许多人认识还不够深刻。法律风险和其他领域的风险一样,每时每刻都在伴随着我们,只是我们常常感觉不到而已。只有认识到隐藏的法律风险,才会积极去预防风险,降低相关活动中的法律成本。公路交通工作中的法律风险是指在公路交通工作中,由于没有遵守法律,或者没能有效运用法律维权,从而导致工作中出现法律漏洞,以及由此引发的不利情况。这种不利情况既包括不必要的法律义务的承担,也包括违反了法律义务的后果,即法律责任。

二、公路决策中的法律风险

公路决策以科学决策、民主决策、依法决策为基本原则,统筹兼顾国家利益、社会公共利益和单位、个人利益,不断提高决策质量和行政能力。在决策过程中充分发挥法律顾问和公路交通法治机构的作用,积极建言献策,确保决策程序和内容合法;法治工作机构要与各工作部门和单位保持有效沟通,及时发现工作中存在的问题,建立法律风险预警机制,提交决策层,将法律风险消灭于萌芽阶段。

法律、法规对重大决策程序做出规定的,应当严格遵守。要不断完善决策监督机制,重大公路决策除涉及国家秘密、商业秘密和个人隐私的事项外,应当通过各类媒体向社会公开。决策执行机构在执行过程中,发现公路决策所依赖的客观条件发生变化或因不可抗力原因导致决策目标全部或部分不能实现的,要及时向决策层提出停止执行、暂缓执行或修正决策的建议。作出停止执行、暂缓执行或修正重大决策决定的,决策机关和决策执行机构应当采取有效措施,避免或减少损失。决策单位违法决策导致重大决策失误的,按照有关法律、法规,追究负有责任的领导人员和直接责任人员的责任。

三、具体工作中的法律风险

在工程招投标、施工监管等方面适时提出有针对性的法律意见;加强施工现场和施工路段的管理,完善警示标志,加强安保措施,避免发生不必要的事故。在行政管理工作中加强管理和监督,确保不越权、不违反法定程序,同时注意避免行政不作为。针对近年来收费公路诉讼案件逐年增多的现象,认真查找和弥补运营管理漏洞;督促和帮助各有关部门和单位采取有效措施,科学防范日常工作中可能存在的法律风险,有效避免各工作环节的法律漏洞。防范各类合同的签订、履行中的法律风险;在合同的起草、谈判、签订、履约监管等环节加强管理,加强法律审查,提高合同管理水平。除上述情况外,还要注意不断提高复议、诉讼案件办理的综合效能,加强案件办理中的法律风险防范,例如行政复议和诉讼中的按时举证、民事诉讼中及时申请法院采取财产保全措施等。

第二节　防范施工现场管理法律风险

伴随着公路交通事业的快速发展,路面施工致人损害案件逐年增多,不断敲响工程安全管理的警钟。这些案件同一般的民事案件相比,有一定的特殊性,公路管理机构及施工单位在诉讼中常处于被动地位,败诉率很高。因此,积极研究事故防范措施,降低法律风险,具有重要意义。

一、施工现场管理法律风险

路面施工致人损害案件有着明显的共同特点:一是往往伴有人身伤亡,损害后果严重,社会影响较大;二是损害后果的发生大都与施工现场的警示标志不完善或者安保措施不到位有关,并以施工方败诉居多;三是诉讼各方对责任认定分歧很大,调解困难,而且多经二审结案,给各方带来较大讼累。

这里有一个案例。2003 年 4 月 30 日夜,××驾车绕行因施工堆放于公路两侧的沙石料时,翻车坠入河中溺水身亡。其亲属向人民法院提起诉讼,要求工程业主公路段、施工人某分公司、施工人的上级单位总公司赔偿损失 14 万余元。法院认为,施工人堆料作业未设置足够的警示标识,应承担主要责任,驾驶人应承担次要责任;施工人不具有完全民事责任能力,其责任应由总公司共同承担;公路段未尽工程监管义务,应承担民事责任。2004年12月13日,法院判决:总公司及其分公司赔偿原告8万余元,公路段承担连带责任。两公司不服,向上级法院提起上诉。2005年4月15日,二审判决:两公司赔偿原告46 000余元,公路段承担连带责任。

再看一个案例。2004年10月16日晚,一名16岁女学生骑电动自行车,沿公路行驶时,撞上施工路面的土堆受伤,经医生诊断为头外伤伴深昏迷、脑外伤、颅内血肿、脑干损伤、脑挫伤、高危性脑积水。2005年6月,女孩父亲提起民事诉讼,要求公路管理站、总承包人某公司、分包人、转包人(实际施工人)共同赔偿前期费用17万余元。2005年7月,法院判决,由转包人赔偿原告12万余元,某公司和分包人承担连带责任,公路管理站不负赔偿责任。转包人不服一审判决,向中级法院提起上诉。中院审理后,做出了维持原判的终审判决并于2005年10月25日送达。随后,原告又提起108万元的第二期诉讼。此时,女孩昏迷一年多仍没苏醒。

还有这样的案例:某路桥工程公司在施工过程中,将原有老路某处横向挖断作排水沟,工程结束后未填实,亦未采取防范措施。2005年1月28日晚7时许,××骑自行车沿老公路返家,跌入排水沟内死亡。其亲属诉至法院,要求路桥公司和公路局赔偿损失89 045元。法院认为,路桥公司未设警示标志,未采取安全防范措施,应承担主要责任;公路局作为该路段的管理者,既未要求施工单位采取补救措施,亦未进行安全防范,存在管理疏漏,应承担连带赔偿责任;某某自身也有一定过错。遂判决路桥公司赔偿原告62 617元,公路局负连带责任。路桥公司不服,向中级法院提起上诉。中院认为,一审认定事实清楚,判决正确,遂判决驳回上诉,维持原判。

二、施工现场管理中需要注意的法律问题

《民法典》第一千二百五十八条规定:"在公共场所或者道路上挖掘、修缮安装地下设施等造成他人损害,施工人不能证明已经设置明显标志和采取安全措施的,应当承担侵权责任。"《公路法》第三十二条规定:"改建公路

时,施工单位应当在施工路段两端设置明显的施工标志、安全标志。需要车辆绕行的,应当在绕行路口设置标志;不能绕行的,必须修建临时道路,保证车辆和行人通行。"《道路交通安全法》第一百零五条和《道路交通安全法实施条例》第三十五条也做了类似的规定。所以施工过程中的安全管理非常重要。

防范事故,就应当加强工程监管,堵住施工安全方面存在的漏洞。需要封闭道路中断交通的,除紧急情况外,应当提前向社会公告。对于施工现场应当设置的警示标志和防护措施,虽然法律上没有规定具体的设置标准,但是应当确保符合行业技术规范。现实中,有些施工单位设置的标志措施本身就是危险障碍,不但不能起到防范事故的作用,反而加重了危险。

如果不是公路管理机构自行施工,则应当与施工人签订正式的工程承包合同,并对安全注意事项及相关责任进行明确约定。即便如此,也不能对施工人的施工过程放手不管。对于委托监理单位监理的,同时应当由监理单位对施工安全加强监督。对于完工后移交给公路管理机构的路段,应进行认真验收,如有遗留路障,应立即责成施工单位清理,杜绝隐患。确实不能即时清理的,应监督施工单位设置好相关标志,采取必要的防护措施。

路面施工致人损害案件不断给我们带来惨痛的教训,公路交通战线上的广大干部职工都应切实加强安全意识和法律意识,力争将优质工程同时创建为平安工程。

第三节　防范路政管理法律风险

综合执法改革前,公路管理机构承担路政管理工作职能,在防范路政管理法律风险方面开展了许多行之有效的工作,这里稍作总结和介绍。在这方面,正确的做法是从正确把握路政法律关系入手,摆正心态,积极应对。一些路政管理学论著把路政管理法律关系简单地解读为行政法律关系的一种,使人误认为路政就是行政,这可能导致对路政管理行为定性错误,从而加大了法律风险。事实上,路政法律关系并不是单一的法律关系,它实际上是几种法律关系的统称,其中包括行政法律关系(如行政许可、行政处罚、行政强制等)和民事法律关系(如公路赔补偿等),如果因犯罪行为导致国家路产路权遭受侵害,公路管理机构还要作为刑事诉讼中的被害人或者附带民事诉讼中的原告人参与诉讼。

一、防范行政法律关系下的法律风险

在行政法律关系中,防范法律风险要做到三点:不越权、不违反法定程序、避免不作为。纵观近年来在路政管理中发生的行政诉讼案件,绝大多数都是因为这三个方面的问题使公路管理机构陷入被动。

第一,不越权。关于路政执法权,改革前,县级以上地方人民政府交通运输主管部门按照《公路法》的规定,可以决定路政管理职能由公路管理机构行使,这样公路管理机构基于交通部门的决定取得法律授权,可以以自己的名义做出具体行政行为;也有的地方由交通运输主管部门出具委托书,但这只能构成行政委托,公路管理机构只能以委托机关的名义行使相关权力,如果以自己的名义做出具体行政行为,则在行政诉讼中将会败诉。关于路政执法权,还有一个问题,就是基于权限划分,下级公路管理机构不能越权行使上级部门的职权,否则会因执法主体不合格而使具体行政行为无效。例如《路政管理规定》中有这样的规定:"路政管理许可,属于国道、省道的,由省级人民政府交通主管部门或者其设置的公路管理机构办理。"但是这一规定在一定程度上缺乏可操作性,尤其是在公路事业较发达的省份,国道、省道通车里程很长,所有的相关行政许可项目都要到省级部门办理,既给申请人带来不便,也使省级管理部门不堪重负,同时基层管理部门也因为要完成审批前的调查、勘查、测量等前期工作而丝毫没有减少工作量。因此,有的省级交通部门或公路管理机构就规定,在某些情况下,涉及国道、省道的行政许可,地市公路管理机构也可办理。目前,行政审批体制改革进一步走向深入,简政放权的力度不断扩大,工作体制机制不断得到优化,相关单位要随时关注行业发展动态,及时学习和掌握最新出台的法律规定,按照法定权限办理相关事务。

第二,不违反法定程序。关于程序方面,有两点值得注意:一是证据,二是非诉案件的执行。《最高人民法院关于行政诉讼若干问题的规定》实施后,行政诉讼证据规则愈发严格,行政部门稍有不慎,就会陷入被动。例如法律和司法解释规定,被告对做出的具体行政行为负有举证责任,应当在收到起诉状副本之日起15日内,提供据以做出被诉具体行政行为的全部证据和所依据的规范性文件,被告不提供或者无正当理由逾期提供证据的,视为被诉具体行政行为没有相应的证据;在诉讼过程中,被告及其诉讼代理人不得自行向原告和证人收集证据。这就要求路政执法人员在履行职责过程中既要充分取证,又要及时举证。关于非诉案件的执行,《最高人民法院关于执行〈中华人民共和国行政诉讼法〉若干问题的解释》规定:"行政机关申请人民法院强制执行其具体行政行为,应当自被申请人的法定起诉期限届满之日起180日内提出。逾期申请的,除有正当理由外,人民法院不予受理。"实践中要注意避免超期申请。

第三,避免不作为。行政不作为也会带来不利的法律后果。执法改革前,某地一公路管理机构对非法开设平交道口行为未及时查处而导致车祸频发,结果成为被告并败诉,这就是典型的例子。再如,《公路法》第四十七条规定,在大中型公路桥梁和渡口周围二百米、公路隧道上方和洞口外一百米范围内,以及在公路两侧一定距离内,不得挖砂、采石、取土、倾倒废弃物,不得进行爆破作业及其他危及公路、公路桥梁、公路隧道、公路渡口安全的活动。实践中就有在这个"一定距离内"出事的,比如在建筑控制区以外的地方取土,公路管理机构没有制止,最后公路塌陷或者桥梁垮塌断裂,被追究法律责任。还有,超限运输治理中的法律风险,例如有的地方不具备卸载条件,罚款放行,结果导致严重事故,引起人员重大伤亡及财产损失,也将承担法律责任。所以,作为执法机构,一定要认真履行法定职责,避免因行政不作为带来的法律风险。

二、防范民事法律关系下的法律风险

以上是有关行政法律关系的几种情况。路政法律关系中还包括民事法律关系。这一点我们可以结合《公路法》的相关条文来理解。《公路法》第八十五条规定："违反本法有关规定,对公路造成损害的,应当依法承担民事责任。"这里规定的"承担民事责任"表明,对公路造成损害的行为人与公路管理机构之间是民事法律关系,由此发生的纠纷已经不属于人民法院行政诉讼的受案范围。不过,一些地方在收取路赔费时,按照地方政府的要求出具的仍然是行政事业性收费票据,这就说明在有些地方,这项收费的性质仍然属于行政事业性收费,对这种情况还应当作具体分析。一般来说,《公路法》实施后,处理路赔案件要充分取证、合理估损,不能及时处理完结要及时向法院提起民事诉讼。为了保存有力证据,公路管理机构可以根据办案需要及时申请法院采取证据保全措施或者请公证部门予以公证。

要注意,路赔案件中的法律关系并不是路政民事法律关系的全部。由路政管理部门负责管理的标志标线不健全被起诉,也属于民事案件,不能把此类案件错划为行政不作为引起的行政案件。

当然,追究行为人的民事责任并不意味着因此免除其应承担的行政责任或者刑事责任。例如《公路法》第七十八条规定:"造成公路损坏,未报告的,由交通主管部门处一千元以下的罚款。"这种情况下,与相对人之间在民事法律关系之外又形成行政法律关系。再如,《公路法》第八十四条规定:"违反本法规定,构成犯罪的,依法追究刑事责任。"公路管理机构在履行路政管理职责过程中如果发现犯罪行为,应当及时将案件移送公安机关,并积极配合调查取证。如果路产路权因犯罪行为遭受侵害,可以自行提起附带民事诉讼或者提请公诉机关提起附带民事诉讼。

第四节　防范合同管理法律风险

公路交通法治机构应当会同各业务单位和业务部门加强合同管理,尤其是相关合同的法律审查,避免合同陷阱和法律漏洞,防范合同法律风险。

一、合同管理法律风险

这方面的法律风险有,未对合同对方主体的资质(营业执照、业务许可文件)进行审查,未对合同对方主体的信用情况进行审查;订立合同的对方主体不合格、对方单位的代理人超越权限;未按内部规定的合同签订程序履行签订手续,合同先履行后签订,先签字、盖章,后填写合同条款内容等;合同未载明签订的日期,签字、盖章不规范影响合同法律效力;合同上载明的单位名称、人员姓名与实际签字盖章不符;需办理备案、公证的合同未履行相关手续;对内容尚具有某种不确定性的合同提前盖章;擅自调整、修改已审批合同的内容;合同主要条款内容不完备,存在导致合同违法、无效或可能撤销的条款;合同主体意思表示不真实、显失公平;责任限制方面的条款不合理;争议解决条款不符合法律规定;合同责任等条款没有约定或者约定不清晰,未约定保密条款、争议解决条款、知识产权事项、不可抗力的处理等条款;不同合同、不同条款之间的权利义务内容存在冲突;无故约定向合同文本中载明的当事人主体以外的第三人提供利益或者履行义务,或无故约定将合同义务转嫁给第三人;对合同内容进行变更时,未按照原来的约定或法律规定签署合法有效的协议;在合同履行过程中,对方出现履约风险,或者对方已经发生违约但未及时提出预案或者异议并及时采取相关措施,或者对对方提出的异议未及时做出回应;在合同履行过程中对争议处理未采取有效的法律措施、保留有效的法律文件;没有及时有效行使合同中约定的权利;等等。

二、防范合同管理法律风险

签约前应充分了解、调查并评估合同对方当事人的资信状况,并注重合同谈判工作,择优确定合同相对人。签约前必须要求对方当事人提供身份证、营业执照(已通过当年年检)、法定代表人证明书、授权委托书(或专用介绍信)、工程业绩证明、资质证明、产品质量合格证、生产经营许可证、产品使用说明书等相关证件、技术资料原件或复印件；对设计、施工队伍还应要求其提供其他相应的材料。对上述证件、技术资料复印件应留存备查。对重要合同，应派专人实地调查、了解对方当事人的资信情况，包括对方的信誉、财务状况、技术设备、管理水平、人员构成等。为把握谈判和合同签订的主动权，应制订谈判方案，确定谈判策略，草拟合同文本。谈判活动中，应充分了解对方的观点、意见，及时掌握双方或多方的焦点、难点，灵活应变，适时达成共识。要使用规范的合同文本，认真填写合同条款，尤其要注重填写质量技术条款、违约责任条款、合同争议解决条款等。质量技术条款宜填写现行国家标准、行业标准、地方标准、企业标准及其代号，有特殊要求，另行明确约定。验收条款应写明验收时间和地点，填明按何种标准、采取何种具体手段验收。尽量采取合理的担保方式，降低、化解、防范风险。建立和完善合同管理体系，严格合同审查规则和程序。法治人员在合同审查时，若发现其中的条款内容有不符合要求的，应及时提出修改意见，并要求经办人员纠正，杜绝合同隐患。

三、临时用工合同

自《劳动法》施行多年之后，《劳动合同法》《劳动争议调解仲裁法》和《劳动合同法实施条例》又先后出台。劳动立法的日益完善，尤其是《劳动合同法》的施行，对公路具体行业规范施工、养护临时用工行为，加强临时用工合同管理，科学防范合同管理法律风险，提出了更高要求，这里专门探讨。

用临时工作人员应当遵循精简、高效、节约的原则，没有必要招用的不招用，可招用可不招用的尽量不招用，不符合岗位要求的，一律不招用。订立何种用工合同，应当结合具体工作需要、根据具体用工形式，本着有利工作、公平合理、协商一致的原则确定，并且要充分考虑对方的利益。

以下情况可以考虑订立雇用合同：季节性、阶段性、突击性用工；虽然合同期限较长，但每天工作时间较短；双方依法约定建立雇用关系的其他情况。雇用合同是雇员（受雇人）向雇主（雇用人）提供劳务，雇主支付报酬的合同。雇用合同不同于劳动合同，其签订、履行、变更、解除、终止适用《民法典》等民事法律,不适用《劳动法》和《劳动合同法》。雇主应当视情况为雇员办理人身意外伤害等商业保险;雇用合同解除、终止后,雇主没有支付经济补偿的义务。雇用合同应当具备以下条款:雇用关系双方的自然情况;雇员提供劳务的时间、地点、内容、工作要求等;雇用合同期限;报酬支付;根据法律规定或双方约定纳入雇用合同的其他事项。雇员与雇主之间除合同约定的管理与服从关系之外,不存在身份上的隶属关系,因此对雇员的管理应当合法、适度。雇用合同纠纷不属于劳动争议,纠纷处理不适用《劳动争议调解仲裁法》。

每天工作时间较短,但又不适合订立雇用合同的,可以考虑签订非全日制用工劳动合同。非全日制用工,是指以小时计酬为主,劳动者在同一用人单位一般平均每日工作时间不超过 4 小时,每周工作时间累计不超过 24 小时的用工形式。非全日制用工劳动合同的条款应当符合《劳动合同法》第十七条的规定。非全日制用工劳动合同不得约定试用期。非全日制用工小时计酬标准不得低于用人单位所在地人民政府规定的最低小时工资标准,劳动报酬结算支付周期最长不得超过 15 日。非全日制用工劳动者可依照国家和地方有关规定自主参加基本养老、基本医疗保险。非全日制用工双方都可以随时通知对方终止用工,用人单位没有支付经济补偿的义务。非全日制劳动者如果还与其他单位订立了劳动合同,则后订立的劳动合同不得影响先订立的合同的履行。

工作量明确,带有一定独立性,在订立合同时没有更优选择的,可以考虑签订以完成一定工作任务为期限的劳动合同。此外,还有固定期限劳动合同、无固定期限劳动合同、劳务派遣合同等用工形式。无论采用何种临时用工合同,形成劳动关系的(注意:雇用关系不属于劳动关系),应当建立职工名册,保障职工权益。职工名册应当包括劳动者姓名、性别、公民身份号码、户籍地址及现住址、联系方式、用工形式、用工起始时间、劳动合同期限等内容。形成劳动关系的,应当自用工之日起一个月内与劳动者签订劳动合同,一个月以上一年以下未签订的,需支付劳动者 2 倍工资的补偿,一年以上未签订的视为已签订无固定期限劳动合同。实践中要注意防范此类事实劳动关系风险。自用工之日起一个月内,经书面通知后,劳动者不与用人单位签订劳动合同的,用人单位应当书面通知劳动者终止劳动关系,除支付实际工作时间的劳动报酬外,没有支付经济补偿的义务。向劳动者送达签约通知后,应当索取收到回执,作为证据留存。因劳动者的过错而解除劳动合同的,用人单位应当留存必要的证据。劳动者没有法定理由随意解除劳动合同(辞职)的,应要求其提交亲笔签名的书面申请留存。

　　雇用合同参考范本(仅包括雇用合同的基本条款,使用时应根据具体劳务内容进行必要调整):

雇 佣 合 同

　　编号_____

　　甲方(雇用人):_____

　　地址:_____

　　乙方(受雇人):_____　性别:_____

　　出生日期:_____身份证号码:_____

　　家庭住址:_____

　　根据有关法律规定,双方在平等自愿、协商一致的基础上订立本合同,共同遵守本合同所列条款。

　　第一条　本合同期限自____年__月__日起至____年__月__日止。

　　第二条　乙方为甲方提供以下劳务:_____。

　　双方对乙方提供劳务的时间、地点作如下约定:_____。

　　第三条　乙方应按照甲方的要求,按时完成规定的工作数量,达到规定的质量标准,具体约定如下:_____。

　　第四条　甲方按_____标准以法定货币形式足额支付乙方报酬。

　　第五条　双方对完成劳务所需设备、工具和其他工作条件的提供约定如下:_____。

　　第六条　基于雇用关系的固有特点,双方不存在身份上的隶属关系。

　　第七条　合同履行过程中若发现乙方不能胜任约定劳务,甲方随时可以解除合同,由此造成甲方损失的,乙方应予赔偿。

第八条 任何一方违反本合同的约定,均应赔偿因此给对方造成的损失并支付违约金____元。

第九条 因履行本合同发生的争议,双方协商解决,协商不成的,可依法向人民法院提起民事诉讼。

第十条 合同未尽事宜由双方另行协商。

第十一条 本合同一式两份,甲乙双方各执一份。

甲方:(盖章)   乙方(签名):

法定代表人或

委托代理人(签名):

_____年__月__日   _____年__月__日

非全日制用工劳动合同参考范本:

非全日制用工劳动合同

编号_____

甲方(用人单位):_____

地址:_____

乙方(劳动者):_____ 性别:_____

出生日期:_____身份证号码:_____

家庭住址:_____

根据《劳动合同法》等法律规定,双方在平等自愿、协商一致的基础上订立本合同,共同遵守本合同所列条款。

一、合同期限和工作内容

第一条 本合同期限自____年__月__日起至____年__月__日止。

第二条 根据甲方工作需要,乙方同意担任_____岗位(工种)工作。经甲、乙双方协商一致,可以变更工作岗位(工种)。

第三条 乙方应按照甲方的要求,按时完成规定的工作数量,达到规定的质量标准。

第四条 乙方累计每周工作时间不超过二十四个小时,具体日工作时间由双方约定,一般平均每日工作时间不超过四小时。

二、劳动报酬和社会保险

第五条　乙方的小时工资标准为＿＿＿＿＿元,(不得低于当地政府颁布的小时最低工资标准)。

第六条　甲方每月中旬、下旬以法定货币形式足额支付乙方工资,结算支付周期最长不超过十五日。

第七条　甲方支付的小时工资中已包含其应缴纳的基本养老保险、基本医疗保险费用。乙方可依照国家规定自主参加基本养老、基本医疗保险。工伤保险等其他待遇按国家规定执行。

三、劳动保护和劳动条件

第八条　甲方要严格执行有关劳动保护的法律法规,为乙方提供必要的劳动条件和劳动工具及劳动保护用品,制定操作规程、工作规范和劳动安全卫生制度及其标准。

第九条　甲方有义务负责对乙方进行政治思想、职业道德、业务技术、劳动安全卫生及有关规章制度的教育和培训,乙方应当服从安排。

第十条　甲方安排乙方从事技术工作岗位的,乙方应持证上岗。

第十一条　乙方有权拒绝甲方的违章指挥,对甲方漠视乙方安全健康和不道德的行为,有权提出批评并向有关部门检举控告。

四、劳动纪律

第十二条　甲方依交通法治定的各项规章制度应向乙方公示。

第十三条　乙方应遵守甲方制定的规章制度,遵守劳动安全卫生、生产工艺、操作规程和工作规范,爱护甲方的财产,遵守职业道德,积极参加甲方组织的培训,提高思想觉悟和职业技能。

五、合同的解除和终止

第十四条　任何一方都可以随时通知对方终止用工,解除劳动合同。

第十五条　本合同期满,劳动合同即终止,甲乙双方经协商一致可以续订。

六、劳动争议

第十六条　因履行本合同发生的劳动争议,双方协商解决,协商不成

的,可以按照《劳动争议调解仲裁法》等法律规定通过调解、仲裁、诉讼等途径解决,

七、其他事项

第十七条 本合同未尽事宜,按照法律规定办理,法律未作规定的,双方协商处理。

第十八条 本合同一式两份,甲乙双方各执一份。

甲方:(盖章) 乙方(签名):

法定代表人或

委托代理人(签名):

_____年__月__日 _____年__月__日

第十一章

公路交通法治内务管理

公路交通法治内务管理包括岗位职责、档案管理、信息化建设等内容，是一项基础性工作。公路交通法治工作岗位职责包括公路交通法治机构职责、法治机构负责人职责、法治工作人员职责等。档案管理应按照国家档案局《机关文件材料归档范围和文书档案保管期限规定》办理，并加强各类案件的评查、管理。应当通过信息化建设不断加强公路交通法治各项工作，提高对法治工作的统计、分析能力，提高工作效率。

第一节　公路交通法治工作岗位职责

公路管理机构应当建立健全法治内务管理制度，加强各项内务管理工作。公路交通法治内务管理制度主要包括：公路交通法治工作人员岗位职责、法治档案管理制度、信息统计制度等。其中，在目标管理体系中，岗位职责制度是一个基础，应明确交通法治工作各岗位的具体职责，落实责任，加强协调、配合，提高工作效率，保证工作质量。

一、公路交通法治机构职责

公路交通法治机构承担本辖区的公路交通法治工作，组织、规划、协调、推动本辖区公路交通法治建设。具体职责是：

（1）贯彻落实各项法律、法规和规章，对实施公路法律法规的情况进行调研，组织、推动解决本辖区涉路法律问题。

（2）编制本地公路管理制度建设规划,组织或者协助起草、审核、清理、汇编有关公路工作的地方性法规、规章和规范性文件,对规范性文件进行备案。

（3）参与听证、行政复议、行政诉讼、国家赔偿和民事诉讼工作,参与办理听证、行政复议、国家赔偿、行政诉讼和民事诉讼案件。

（4）组织开展法治监督工作。

（5）依照规定对有关决策事项、合同等进行法律审核。

（6）依照规定组织开展法律学习培训工作。

（7）组织开展法律服务、法治宣传工作,办理涉路法律问题的请示和答复。

（8）办理领导交办的其他法律事务。

二、公路交通法治机构负责人职责

（1）负责法治机构全面工作,拟订工作计划、总结、报告,做好全处（科、股）的效能管理,负责同各职能部门的协调配合。

（2）负责组织公路法律、法规的宣传贯彻,研究落实公路法律法规的相关措施,负责组织普法、依法治理工作。

（3）组织开展法治监督工作。

（4）组织开展检查,督查公路法规贯彻落实情况。

（5）组织开展依法行政各项工作。

（6）负责应诉、听证等工作。

（7）组织开展各类法律服务,为依法治路提供法律保障。

（8）完成领导交办的其他工作。

三、公路交通法治工作人员职责

（1）认真贯彻落实公路法律、法规和规章。

（2）起草公路管理规章制度和规范性文件。

（3）负责有关规范性文件的审核、备案。

（4）对公路管理机构的合同等进行法律审核，提出审核意见。

（5）了解、掌握辖区公路管理机构落实法律法规的情况，及时纠正不合法、不适当、不规范的行为。

（6）参加涉及公路管理法律法规的专项或专案调查。

（7）受单位委托参加复议、诉讼工作，参与办理民事诉讼、行政诉讼案件和国家赔偿案件，参加听证。

（8）开展法治调研，开展法治宣传、教育、培训、交流工作。

（9）负责法治内务管理。

（10）完成领导交办的其他工作。

第二节　公路交通法治工作档案管理

公路交通法治工作档案是公路管理机构重要的专业档案，是公路交通法治工作的记录，又是进一步做好这项工作的依据和必要条件。收集、整理、保管和统计公路交通法治工作档案，并开展利用工作，是公路交通法治内务管理的一个组成部分，也是公路交通法治工作的一部分。

一、归档范围

国家档案局《机关文件材料归档范围和文书档案保管期限规定》规定，文件材料归档范围是：反映本机关主要职能活动和基本历史面貌的，对本机关工作、国家建设和历史研究具有利用价值的文件材料；机关工作活动中形成的在维护国家、集体和公民权益等方面具有凭证价值的文件材料；本机关需要贯彻执行的上级机关、同级机关的文件材料；下级机关报送的重要文件材料；其他对本机关工作具有查考价值的文件材料。

文件材料不归档范围是：上级机关的文件材料中，普发性不需本机关办理的文件材料，任免、奖惩非本机关工作人员的文件材料，供工作参考的抄件等;本机关文件材料中的重份文件,无查考利用价值的事务性、临时性文件,一般性文件的历次修改稿、各次校对稿,无特殊保存价值的信封,不需办理的一般性人民来信、电话记录,机关内部互相抄送的文件材料,本机关负责人兼任外单位职务形成的与本机关无关的文件材料,有关工作参考的文件材料;同级机关的文件材料中,不需贯彻执行的文件材料,不需办理的抄送文件材料;下级机关的文件材料中,供参阅的简报、情况反映,抄报或越级抄报的文件材料。

对应归档电子文件的元数据、背景信息等要进行相应归档。应归档纸质文件材料中,有文件发文稿纸、文件处理单的,应与文件正本、定稿一并归档。

二、保管期限

文书档案的保管期限定为永久保管、定期保管两种。定期一般分为30年、10年。

(1)永久保管的文书档案。主要包括:本机关制定的法规政策性文件材料;本机关召开重要会议、举办重大活动等形成的主要文件材料;本机关职能活动中形成的重要业务文件材料;本机关关于重要问题的请示与上级机关的批复、批示,重要的报告、总结、综合统计报表等;本机关机构演变、人事任免等文件材料;本机关房屋买卖、土地征用,重要的合同协议、资产登记等凭证性文件材料;上级机关制发的属于本机关主管业务的重要文件材料;同级机关、下级机关关于重要业务问题的来函、请示与本机关的复函、批复等文件材料。

(2)定期保管的文书档案。主要包括:本机关职能活动中形成的一般性业务文件材料;本机关召开会议、举办活动等形成的一般性文件材料;本机关人事管理工作形成的一般性文件材料;本机关一般性事务管理文件材料;本机关关于一般性问题的请示与上级机关的批复、批示,一般性工作报告、总结、统计报表等;上级机关制发的属于本机关主管业务的一般性文件材料;上级机关和同级机关制发的非本机关主管业务但要贯彻执行的文件材料;同级机关、下级机关关于一般性业务问题的来函、请示与本机关的复函、批复等文件材料;下级机关报送的年度或年度以上计划、总结、统计、重要专题报告等文件材料。

三、保管和借阅

要积极改善档案保管的物质条件,购置必要的卷柜等设备,并逐步采用信息化等先进技术,以提高档案的管理水平。案件办理完毕后随卷归档不能附卷的证物,可在拍成照片附卷后另行保管,但应标明证物的名称、数量、规格、特征、案号,并在卷内备考表记明其保管处所,以备查调。随卷归档的录音带、录像带、影片等声像档案,应单独存放,非经批准不得调用。为便于查找,档案柜上应附有指引卡,标明档案信息。档案工作人员要定期对档案进行检查清点,发现破损、虫蛀、鼠咬、变质或字迹模糊,要及时采取措施,进行修补、粘贴、复制或作其他技术处理。档案工作人员调动工作时,应在离职前办好交接手续。

本单位人员因工作需要,可按规定流程调借本单位归档的档案。非归档单位因工作需要调阅档案,要有一定的批准手续。借出时,要点交清楚,取得正式收据并限期归还。调借的档案,不得转借其他单位或其他人员使用。调阅或借出的档案要按时催还。还回时如发现文件材料短缺、涂改、增删、污损等情况,应报告领导并及时追查。档案工作人员必须严格遵守保密制度,不得超越制度向任何人提供档案或扩大利用范围,不得擅自向他人泄露档案的内容。

第三节 案卷评查

公路管理机构在多年执法工作实践中,对行政执法案卷管理一直高度重视。改革后职能发生了变化,但多年来的经验做法仍然值得借鉴。案卷评查是法治档案管理的重要组成部分,包括行政执法(处罚、强制等)案卷管理、诉讼案卷管理、复议案卷管理、行政许可案卷管理等。定期组织开展案卷评查,对加强案卷管理、提升法治工作水平具有重要意义。下面以行政处罚案卷评查为例进行介绍和探讨。

落实案卷评查制度,加强对行政执法行为的监督,当重视开展行政处罚案卷评查工作,加大对案卷评查的力度,认真分析总结案卷中存在的问题,通过案卷反映出的问题,认真督促整改和规范,纠正违法行为,改进工作方法,促进行政执法水平的进一步提高。主要评查内容如下:

一、立案阶段

有案件来源,即注明案件是来自发现、举报、交办还是移送等内容;有当事人基本情况记载和简要案情记载;有承办人意见,应注明可能违反的法律、法规、规章的名称;有负责人明确具体的审批意见、签名和日期;立案时间符合规定。

二、调查取证阶段

(1)勘验检查笔录。有现场检查的起止时间、场所记载;现场检查的情况记录准确、客观、全面;有被检查人的基本情况;有被检查人签名(或见证人签名)和两名以上执法人员签名。

(2)询问笔录。使用规范的询问笔录纸;有询问的起止时间、地点;一份笔录针对一个被询问人;被询问人基本情况完整;询问人有两名执法人员的签名(或在格式文书中有询问人和记录人姓名的记载);询问前有出示证件和告知执法人员身份的记载;询问笔录记录的内容完整;有被询问人逐页签名并捺手印或盖章(被询问人拒签的,有两名以上执法人员签名并说明原因);笔录中有涂改之处时,应有被询问人捺手印或盖章。

(3)调查取证与保存证据文书。有被调查取证人基本情况记录;调查取证事由正当;调查取证的时间、地点准确具体;提取的物品与案件有关;调查取证物品的性状描述完整准确(包括物品名称、规格、型号、数量等);有两名以上执法人员签名;有被调查取证人(或见证人)签名;有调查机关的印章和日期;先行登记保存的物品在法律规定期限内做出处理决定。

(4)鉴定文书。委托单位、鉴定人适当并具备相应资质;鉴定的内容、目的、结论明确;鉴定的程序、方式合法;有鉴定部门印章或鉴定人签字、日期。

三、审查决定阶段

(1)案件处理的审批文书。案由和当事人的基本情况记载准确;违法事实记录完整,证据确凿、充分,处罚依据明确;承办人的意见明确、具体,有签名和准确日期;有法治机构或法治人员的审查意见;处罚机关负责人审批意见明确、具体,有签名、日期。

(2)违法行为处理告知文书。当事人名称准确;载明违法事实和法律依据;明确告知拟给予行政处罚的内容;明确告知当事人行使的权利和期限;有处罚机关的印章和告知人、告知日期。

(3)听证通知书。举行听证的时间和地点具体、准确;明确告知听证主持人的姓名和职务;注明当事人的权利和无故不按时参加听证的后果;处罚机关的印章、日期完整。

(4)听证笔录。准确记载举行听证的起止时间、地点;有听证主持人、记录人、当事人、代理人、案件调查人员的基本情况;载明当事人对案件涉及的事实、证据、依据方面的陈述和申辩的内容;有当事人的签名。

(5)听证报告。案由记载明确;载明听证的时间、地点、参加人情况;有当事人针对处罚提出的要求及依据;载明听证结论。

(6)行政处罚决定书。当事人基本情况明确;有违反法律、法规、规章的事实和证据;有行政处罚具体内容和法律依据;有行政处罚的履行方式和期限,并告知逾期缴纳罚款的后果;告知当事人如不服处罚决定,可以申请复议或提起诉讼的途径和期限;有作出行政处罚决定的处罚机关名称及印章、日期。

四、送达和执行阶段

（1）送达回证。送达文书名称、数量准确；送达时间、地点、送达方式准确；直接送达的，有收件人的签名；间接送达的，有相关材料证明。

（2）罚没款（物）票据。执行"罚缴分离"，法律、法规另有规定的从其规定；使用的罚没票据合法，有执行处罚机关印章；票据填写规范、准确；缴纳罚款期限正确。

（3）行政处罚强制执行申请文书。案件名称准确；被申请人基本情况清楚；申请执行项目准确；案情叙述完整、准确；强制执行理由正确；案件主要材料齐备。

（4）结案报告。案由清楚，结案理由充分；罚没财物有处理结果，行政处罚决定执行情况明确；有案件调查人员的意见及签名、日期；有处罚机关负责人的意见及签名、日期。

五、案卷归档

一案一卷（特殊情况分正副卷的除外）；使用符合档案管理标准的卷皮；卷内目录填写规范；卷内材料齐全；卷内材料按规定顺序排列，装订整齐；卷内材料大小规格统一，有页号；复印件有能证明与原件相符的签字或盖章；卷内无金属物；卷内文字应当是使用钢笔、电脑打印填写或复印件；案卷归档及时。

第四节　公路交通法治工作信息化

公路交通法治机构应当不断加强公路交通法治工作信息化建设，充分利用计算机技术和信息系统，建立、健全数据管理和信息通报制度，按时填报法治工作的有关统计报表，对年度工作计划、工作总结和重大案件办理情况以及其他重要工作信息,及时报上一级公路交通法治机构,通过信息化建设不断加强公路交通法治各项工作,提高对法治工作的统计、分析能力,提高工作效率。

一、法治宣传信息化

可以借助各级公路管理机构网站,全面反映公路交通法治工作动态,便于社会各界了解公路法律法规。可以在公路管理机构网站建立法治网页,设立"公路交通法治在线""公路交通法治工作动态""法规查询"等栏目,指定专人负责,并建立信息收集、使用、维护和管理等制度。力求通过图文并茂的多媒体资料增强可读性,经常公布最新的公路法规、部门规章和办事程序,并在线提供法规咨询,提高各项工作的透明度。

二、法治培训、法律服务信息化

将网络作为学习平台,可以较好地解决法治机构、基层单位和人员、行业专家之间存在的时空和部门差异性问题,从而弥补基层法治培训中的师资不足和互动性不强的缺陷。可以通过网上问答的形式解答干部职工的法律咨询;可以通过建立试题库的形式,供普法考试和日常法律知识学习使用;可以通过网上案例浏览和探讨,提高感性认识,做到学用结合;还可以通过网上会审等方式加强合同、规章制度的法律审查。

三、案件审核、备案信息化

通过专门设计的系统,可以对案件办理的各个重要环节进行科学控制,进行动态的、全方位的监督,对案件进行事前、事中、事后的监督把关,并依据记录进行责任追究。通过网络管理,可实现对法治工作信息的快速查询和统计,自动生成法律文书,实行网上审批、网上备案等,并在网上传递报表和资料。此外,还可以通过信息化管理扩大政务公开面,减少暗箱操作,强化社会监督。

四、法治监督、考核信息化

通过计算机网络使法治机构能够快速了解各项公路工作的具体情况，有针对性地开展法治监督。通过网络随时进行异地抽查行政许可等办理情况，便于进行实时监督，实行监督关口前移。通过执法人员和证件管理数据库，可以更便捷地进行队伍管理和监督。加强监督的同时，信息化建设也为法治工作的检查、考核、评比等提供了便利条件。例如网上报送工作总结、汇报，网上反馈法治工作中存在的问题和不足，网上发布考核结果，等等。

第十二章

公路交通法治工作的考核

介绍公路交通法治工作考核的基本内容、考核的必要性、考核要解决的问题、考核原则、考核监督、考核方法、考核流程,以及考核指标体系等内容,并提供了某单位制定的公路交通法治工作考核标准供参考。

第一节　公路交通法治工作考核概述

与目标管理紧密相关的是绩效考核,所以绩效考核完全可以视为目标管理的一部分。如果只有目标而没有各个阶段的绩效考核,那么之前制订的目标可能永远不会得到实现。要真正实施目标管理,就必须以绩效考核作为促进,作为后盾。

一、公路交通法治工作考核的基市内容

绩效考核是某一领域的管理者根据发展需要,运用一定的技术或方法,在各种必要的评价要素中,选择有效的、合理的评价指标和标准,赋予各个指标以权重,以此来鉴定工作结果,评估工作人员的业务能力和贡献程度,及其所在单位总体业绩情况的过程。因此,公路交通法治工作绩效考核关键是找准切入点,用科学的方法、标准和程序,对公路交通法治工作做出合乎实际的评价,并在此基础上对工作成效进行改进和提高。公路交通法治工作的考核内容主要有:分管领导明确,有专门或归口管理的科室,工作人员落实;制订年度计划和五年交通法治工作规划,并认真组织实施;制订培

训计划,每年定期组织公路专业法和相关法律法规知识培训;积极协调组织有关部门,采取有效措施,切实做好涉路案件的办理工作;在公路立法、普法、执法工作中,充分发挥组织协调和监督职能,能有效开展行政复议工作;本单位没有行政违法和民事败诉案件。

二、公路交通法治工作考核的必要性

第一,实施公路交通法治工作考核是推进依法行政的必然要求。依法行政是指行政机关必须根据法律法规的规定取得、行使行政权力,并对行政行为的后果承担相应的责任,国家的公共管理活动必须依法进行,符合法律的规定。依法行政的本质是依法规范、约束行政权力,而法治工作中推行行政执法责任制、开展法治监督等都是依法行政工作的重要内容。

第二,实施公路交通法治工作考核是服务群众的必然要求。公路交通工作要求以人为本,公路交通法治工作绩效考核的一项重要内容就是看这项工作在人民群众中的满意度如何,是否符合老百姓的要求,最终更好地为群众服务,做到以人为本;交通运输工作要求做到三个服务,要做好这方面的工作,考核就是必须的,通过考核,可以发现问题和不足,修复"短板",更好地做到统筹兼顾,不断改进工作。

第三,实施公路交通法治工作考核是公路交通事业全面、协调、可持续发展的必然要求。公路交通行业各项工作的开展都离不开法治保障,如果没有法律的规范和约束,没有法治工作的支持,这些工作就无法正常开展,更不用说全面、协调、可持续发展了。

第四,实施公路交通法治工作考核是公路交通法治工作有效开展的必然要求。如果光有交通法治目标而没有每阶段的绩效考核,那么这个目标就不可能得到很好的实现,所以必须以绩效考核为后盾。

三、绩效考核要解决的问题

第一,作为一种工作绩效控制手段,通过考核随时发现工作中的问题,及时修正工作思路,调整方式方法。

第二,作为一股推动力,通过考核提高有关单位、部门及法治工作人员的重视程度,提高法治工作的积极性和创造性,使公路交通法治工作不断向前发展。

第三,通过法治工作与其他具体工作的有效结合,在法治监督、服务中为公路决策提供有价值的建议和意见。

第四,在考核中进行工作指导,帮助被考核单位和人员提升工作水平。

第五,通过考核,肯定并推广先进经验。

第六,通过考核找出影响法治工作绩效的根源,积极研究解决方案。

第七,通过考核为人员奖惩、职务调整、晋升等提供依据。

四、公路交通法治工作考核的基本原则

第一,既要考虑不同业务单位、不同工作岗位的实际情况,也要根据各个单位或部门的具体特点,做到共性与个性相结合。

第二,制定的考核方案要合理,具有可操作性,指标是客观的,方案是可靠的,结果是公平的,不能掺杂领导或者考评人员的主观好恶。

第三,考核要有一定的透明度,杜绝不按程序或者搞暗箱操作,更不能故意制造神秘感、紧张感。

第四,提倡将最终考核结果通过不同方式进行对外公示,并与存在问题的单位、部门和有关人员进行有效沟通,使之从内心能够愿意接受,并为其提供申诉或解释的机会。

第五,大部分法治工作考核考核环节或者具体活动应尽量贯穿于日常工作当中,不要过于繁复地组织专门检查,以免影响正常的工作秩序,更反对无实效、无意义的走过场,搞假大空的形式主义。

五、对公路交通法治工作考核的监督

为确保公路交通法治工作绩效管理体系常态运转,并保证法治工作考

核的质量,应当对绩效管理过程的执行情况实施管理和监督,建立有效的法治工作绩效考核监督制度。绩效监督是指通过对绩效指标的制定,绩效指标的质量和数量,绩效指标完成的过程及绩效考评的执行情况全方位监督,使绩效考核管理工作有效地贯彻落实。通过掌握这些情况,对实施绩效考核过程中出现的异常情况及时进行分析,并找到问题产生的根源,督促法治工作考核人员认真履行绩效考核的工作职责,实施有效的、规范的考核,切实推进法治工作绩效考核工作。

监督的内容主要有:推进法治工作绩效管理有序开展,指导有关部门和单位按绩效考核的要求进行考核;监督法治工作考核的公平、公正、公开以及合理性;监督各部门考核人员对本部门法治工作开展情况实施考核的执行力度,考核工作执行落实到位情况;监督各部门、各单位实施法治工作绩效考核的真实有效性,是否有造假、隐瞒等情况;监督对被考核单位和人员的测评情况,评价其合理性,确认考核工作是否符合考核范围;监督考核部门和考核人员是否对法治工作的考核结果进行公示。监督过程中如果发现不符合绩效考核规定的情况,应及时提出监督意见。

第二节 公路交通法治工作考核的方法和流程

公路交通法治工作考核需要一套科学的方法和一套完整的程序。考核方法有等级评估法、目标考核法、序列比较法、小组评价法、综合法等。考核流程包括提出考核任务、确定考核方案、实施考核方案、确定考核结果、考核结果应用等。

一、公路交通法治工作考核的常用方法

(一)等级评估法

等级评估法是绩效考核中常用的一种方法。根据对法治工作的分析,将被考核岗位的法治工作内容划分为若干相互独立的模块,确定每个模块

的工作需要达到的标准,用明确的语言描述这些标准。同时,将标准科学合理地划分为几个等级选项,如采用百分制或者评为"优、良、合格、不合格"等,考核人对每个模块工作的完成情况进行认真评估,然后累计加总,最后得出的总成绩就是考核成绩。

(二)目标考核法

目标考核法是根据被考核的部门、单位和人员完成法治工作目标的情况进行量化考核的一种绩效考核方式。在开始考核工作之前,考核人和被考核单位、被考核人应该对需要完成的法治工作内容、时限、达到的标准形成一致。在规定的期限届满时,考核人根据被考核单位和人员的法治工作状况及原先制定的法治工作考核标准进行考核。目标考核法适合公路交通法治工作起步较晚的单位或者较为具体的工作。

(三)序列比较法

序列比较法是对公路系统内不同单位的相同部门或者同一岗位的不同人员进行法治工作考核的一种方法。在考核之前,首先要确定法治工作考核的模块,但是不确定最后要达到的法治工作标准。其次将不同单位的相同部门或者同一岗位的不同人员在同一法治工作考核模块中进行比较,根据他们的法治工作开展状况排列顺序,工作开展较好的排名在前,工作开展较差的排名在后。最后将几个模块的排序数字相加,就是考核结果。总数越小,法治工作绩效考核的成绩越好。与此类似的考核方式是相对比较法。这也是对不同单位的相同部门或者同一岗位的不同人员进行法治工作考核的一种方法。它是进行两两比较,相互比较后再将成绩相加,总数越大,绩效考核的成绩越好。

(四)小组评价法

小组评价法是指由法治工作考核组织者组成评价小组进行法治工作绩效考核的方法。小组评价法的优点是考核操作简单,省时省力,节约成本,缺点是容易出现评价标准模糊现象,而且主观性较强。为了提高小组评价的考核结果的可靠性,在进行小组评价之前,应该公布法治工作考核的内容、依据和标准。在考核评价结束后,要对评价结果进行公示。

(五)综合法

综合法就是将法治工作绩效考核的各类方法进行综合运用,以提高法治工作绩效考核结果的客观性和可信度。在实际工作中,一般很少使用单独的某一种考核方法来实施法治工作绩效考核,许多单位都是在制定科学、严密的考核标准的基础上,多种考核方法同时进行。但考核方法无论怎样组合,最终考核结果仍然是唯一的。

二、公路交通法治工作考核的一般流程

(一)提出考核任务

法治工作考核任务的提出有多种情况。例如上级主管部门要求对一定时期内公路交通法治工作的开展情况进行考核,并反馈考核结果。再如本单位根据工作需要组织公路交通法治工作考核,这又分领导安排、本部门主动提出、基层单位建议等情况。无论哪种情况,都要有考核目标、要求、范围、期限等任务部署。

(二)确定考核方案

首先是考核组成员的确定。一般来说,公路交通法治工作考核以主管部门的法治工作人员为主,还可以视情况适当吸纳其他有关人员参加。其次是确定考核内容、考核方法和考核标准。最后是确定考核时间并通知被考核单位。如果是常规性的工作考核,应当制定并印发相对固定的考核办法或者方案,让基层单位心中有数,这样考核结果更有说服力。

(三)实施考核方案

一般情况下,公路交通法治工作考核实行定期与不定期相结合、检查与交流相结合、自查与互查相结合的办法,以现场检查为主。对于复议应诉、执法监督、推行执法责任制等工作的考核,可以广泛征求司法部门、同级政府法治部门以及广大群众的意见。

(四)考核结果应用

首先要及时反馈,让被考核单位了解自己的工作情况,同时了解其他有

关单位的工作情况,肯定成绩,找到问题,制订解决问题的行动计划。其次要在考核基础上及时调整工作思路和方式方法,把考核结果作为公路决策的依据,从而使工作不断向前发展。最后要在考核基础上检讨原来的考核指标体系、考核方案,进行必要的补充和修正。

第三节　公路交通法治工作考核指标体系

绩效考核指标是进行绩效考核的基本要素,制定科学合理而又有效的绩效考核指标是绩效考核取得成功的保证,因此这也成为建立绩效考核体系的中心环节。

第一,确定绩效考核指标要进行法治工作分析(法治工作岗位分析),根据考核目的,对法治工作岗位的工作内容、性质以及完成这些工作所具备的条件等进行研究和分析,从而了解被考核者在该岗位工作所应达到的目标、采取的工作方式等,初步确定法治工作绩效考核的各项要素。

第二,确定绩效考核指标要进行法治工作绩效特征分析,在此基础上初步设定法治工作的考核指标体系。指标设定要求涵盖全面、重点突出、适当量化、具有可操作性。

第三,确定法治工作的绩效考核指标要进行理论验证。依据法治工作绩效考核的基本原理与原则,对所设计的绩效考核要素指标进行验证,保证其能全面、有效、可靠反映被考核对象的绩效特征和考核目的要求。

第四,确定绩效考核指标进行要素调查,确定指标。对初步确定的法治工作考核指标,可以运用多种方式展开要素调查,最后确定法治工作的绩效考核指标体系。为了使确定好的指标更趋合理,还应根据法治工作实践需要对其进行修订,使法治工作的考核指标体系更加完善。

表 12-1 是某地制定的公路交通法治工作先进单位评比办法(绩效考核办法和标准),供参考。

××单位法治工作先进单位评比办法

一、工作要求

公路交通法治工作以习近平新时代中国特色社会主义思想为指导，深入学习贯彻习近平法治思想，以构建法治公路为目标，坚决贯彻执行有关法律法规和国家政策，不断健全组织机构、完善工作机制，创造性地开展工作，为依法治路提供有力保障。

二、检查办法

法治工作检查实行定期与不定期相结合、检查与交流相结合、自查与互查相结合的办法，以现场检查为主。对于复议应诉、执法监督、推行执法责任制等工作的考核，将广泛征求司法部门和同级政府法治部门的意见。先进单位评比以检查为手段，旨在不断提升全系统的交通法治工作水平。

三、评分标准

检查采用百分制，具体计分标准见表12-1。

表12-1　法治工作检查评分表

具体内容	内容编号	分数	检查内容	评分标准	扣分原因	得分
目标管理	1.1	3	按照"标准化"的要求，科学制订工作计划、目标、措施和总结	制订年度计划和五年交通法治工作规划，工作有计划、有目标，措施得力，总结切合实际得3分，否则每项扣1分		
	1.2	3	法治工作人员岗位职责	法治工作人员岗位职责清晰并以适当方式公示得3分；每缺一项扣1分		
	1.3	3	"四化管理"工作要点和既定工作计划贯彻落实情况	落实情况分为优秀、良好和一般，分别得3、2、1分		

续表 12-1

具体内容	内容编号	分数	检查内容	评分标准	扣分原因	得分
目标管理	1.4	3	按照"人本化"要求不断提高服务意识,提高服务水平	有值得向全市推广的经验,或在依法治路工作中贡献突出,分为优秀、良好、一般,分别为3分、2分、1分		
组织机构	2.1	3	分管领导明确	分管领导明确的得3分,否则不得分		
	2.2	3	法治工作机构	有专门或归口管理的科室得3分,否则不得分		
	2.3	3	工作人员落实	配备了专(兼)职法治工作人员得2分,法治工作人员中至少有一人为法律专业专科以上或其他专业本科以上学历得1分,否则相应扣分		
	2.4	3	廉政勤政	法治工作中未发生违规违纪现象的得3分,被举报发生违规违纪现象,经查实的不得分,借职务之便索贿、受贿被司法机关处理的一票否决		
制度建设	3.1	3	规章制度起草、审核	能在本单位规章制度制定过程中充分发挥作用,积极参与调研、起草、审核等工作得3分		
	3.2	3	积极参与上级规范性文件制定、修改调研	在上级规范性文件制定、修改调研中,积极参与并认真完成交办任务,得2分,提出有价值建议者1分		

续表 12-1

具体内容	内容编号	分数	检查内容	评分标准	扣分原因	得分
制度建设	3.3	2	法治研讨	围绕法律制度的制定、实施积极进行理论研讨,参与市级以上研讨会或发表1篇以上研讨论文得2分		
法制监督	4.1	3	法律制度贯彻落实	在法律、法规、规章以及国家政策、上级规范性文件等贯彻实施过程中充分发挥组织协调和监督职能,确保各项制度在本单位得到落实得3分		
	4.2	3	按照"规范化"要求不断加强法治监督	在公路管理工作中充分发挥法治监督职能,及时发现问题并提出整改建议得3分		
	4.3	3	执法证管理	及时办理、换发执法证得1分,严格执行执法证申领条件,没有任意扩大发放范围,及时回收离职人员执法证得1分,建立执法证管理台账得1分。无执法职能的单位本项不扣分		
普法宣传	5.1	3	"八五"普法	进一步推进法治宣传教育,将法治宣传和法治实践结合起来,推动依法治理工作,推进法治公路建设,工作有计划、有措施、有总结,认真组织普法考试得3分		

续表 12-1

具体内容	内容编号	分数	检查内容	评分标准	扣分原因	得分
普法宣传	5.2	3	日常宣传	积极宣传公路法规,在广播、电视、报纸等新闻媒体宣传3次以上,得2分,每少一次扣1分,最多扣2分;在公路沿线附属设施及其他公共场所悬挂、喷涂、张贴宣传标语,向群众发放宣传品得1分		
	5.3	3	重大宣传活动	组织搞好法治宣传日、《公路法》等重要法律法规实施纪念日等重大宣传活动得3分,否则每项扣1分,扣完为止		
法制培训	6.1	3	定期培训	定期开展公路法律法规和相关法律知识培训,培训覆盖面达90%以上得3分,否则酌情扣分		
	6.2	3	培训计划、方案、考试	制订培训计划、方案,认真组织实施得2分,组织书面考试的有试卷,组织其他形式考试的有相应载体能够反映培训效果得1分		
	6.3	3	法治工作人员继续教育	法治工作人员在法治培训中能起到带头作用,通过自学、参加继续教育等方式积极学习法律专业知识得2分,考取法律专业的职业资格证书的,在其从事交通法治工作期间,每年得1分		

续表 12-1

具体内容	内容编号	分数	检查内容	评分标准	扣分原因	得分
推行行政执法责任制	7.1	3	依法行政	制定依法行政规划贯彻实施意见,制定年度目标并分工抓好落实得3分		
	7.2	3	案件报备	将全部诉讼案件、行政复议案件以及重大行政处罚案件按要求及时报送备案,同级人民政府法治部门另有要求的,同时按要求办理得3分		
	7.3	3	执法依据梳理	按照上级要求梳理本单位的执法依据、分解执法职权、确定执法责任,并以适当形式向社会公开得3分,无执法职能的本项不扣分		
复议应诉	8.1	3	工作配合	在复议、诉讼案件办理过程中,与政府法治部门、人民法院、上级主管部门密切配合,工作协调得3分		
	8.2	3	积极应对	收到行政复议申请书、起诉状后能积极应对,全面调查取证,及时举证,按时出席得3分		
	8.3	3	主动维权	在路产路权及本单位的其他合法权益遭受侵害时,能够及时通过法律途径有效维权得3分		

续表 12-1

具体内容	内容编号	分数	检查内容	评分标准	扣分原因	得分
法律服务	9.1	3	法律风险防范	采取有效措施,科学防范日常工作中可能存在的法律风险,有效避免各工作环节中的法律漏洞得3分。		
	9.2	3	合同管理	在合同的起草、谈判、签订、履约监管等环节加强管理,加强法律审查得2分,建立合同管理台账得1分		
	9.3	3	按照"集约化"和"人本化"要求做好法律服务,不断提高服务效率	能够及时、认真、准确地解答其他科室和人员或来访群众的法律咨询得3分		
档案管理	10.1	3	交通法治档案设置	档案设置完整、规范、齐全得3分,设置不完整、缺项每项扣1分,扣完为止		
	10.2	3	重要资料上报	除其他考核项目中提到的报送材料外,对工作计划、总结、重大宣传报道、重大活动资料等其他重要资料,及时报送市局得3分		
	10.3	2	案卷装订	各类诉讼案件以及行政执法、行政复议案件办结后,无论是否聘请律师代理,都要将案件材料收集装订成卷,案卷装订做到完整、规范,没有统一外观要求的,应力求美观得2分		

续表12-1

具体内容	内容编号	分数	检查内容	评分标准	扣分原因	得分
工作创新	11.1	3	交通法治工作创新情况	适当组织法律知识竞赛、模拟法庭、执法案卷评查、到先进单位观摩学习等活动，或将法治工作与全面质量管理等有效结合取得一定成果，或在法治工作机制、措施等方面有独到之处，以及通过其他任何适当形式实现工作创新得3分		
其他工作	12.1	3	按时完成其他工作	按时完成领导交办的其他工作得3分，否则每项扣1分，扣完为止		

参考文献

[1] 郑翔,张长青. 交通运输法[M]. 北京:北京交通大学出版社,2018.

[2] 阎伟. 高速公路运营管理法律风险防控[M]. 长春:吉林人民出版社, 2017.

[3] 卢兴映. 公路工作管理规范[M]. 长沙:湖南科学技术出版社, 2015.

[4] 韩冰,胡娟娟. 公路管理概论[M]. 北京:人民交通出版社,2017.

[5] 汪建江. 公路执法实务[M]. 北京:人民交通出版社,2018.

[6] 中国公路学会. 公路交通法律案例评析[M]. 北京:人民交通出版社, 2018.

[7] 朱奎彬,骆怡惠. 公路交通运输法实务教程[M]. 成都:西南交通大学出版社,2015.